禅 禪修精華 ②

Chanxiujinhua

观念

圣严法师 著

華夏出版社
HUAXIA PUBLISHING HOUSE

图书在版编目(CIP)数据

观念/圣严法师著. －北京:华夏出版社,
2010.10
ISBN 978－7－5080－5982－2
Ⅰ.①观…　Ⅱ.①圣…　Ⅲ.①禅宗－基本知识
Ⅳ.①B946.5

中国版本图书馆 CIP 数据核字(2010)第 194954 号

责任编辑:陈　默　罗　庆
图书策划:安凤影　梅　子
版式设计:文渊阁图文工作室
出版发行:华夏出版社
(北京市东直门外香河园北里 4 号　邮编:100028)
经　　销:新华书店
印　　刷:北京温林源印刷有限公司
装　　订:北京温林源印刷有限公司
版　　次:2010 年 10 月北京第 1 版
2011 年 4 月北京第 1 次印刷
开　　本:787×1092　1/32
印　　张:7.5
字　　数:860 千字
定　　价:25.00 元

编者序

圣严法师教禅、讲禅、写禅，二十多年来足迹已广遍东西方世界各地，出版了二十种以上与禅相关的中英文著作，并陆续被翻译成意大利文、西班牙文、葡萄牙文、德文、波兰文、越南文、俄文等多种文字，接引无数人进入禅法的大门。如今说到要学习禅法，特别是中国禅宗，便不能不看圣严法师的禅修著作。

圣严法师在《禅钥》一书序文中自陈："我的宗旨，是将正统禅修的观念及禅修的方法，透过通俗易懂的文字，分享给有缘的现代大众。"因此，圣严法师讲授禅法，便能在深厚的修行基础、广博的学养背景下，贴近现实人间的实际生活，介绍实用、易懂、健康，而且层次分明的禅修理论及方法，使得不同年龄性别、职业层次、教育程度的社会大众，都能分享得到禅法的利益。

尤其是，初学程度浅者，读了不觉得深奥难懂；老参程度深者，反复读了愈见其滋味与内涵，足见圣严法师高妙之处。

圣严法师有关禅修的篇章，都是先于《人生》杂志或《法鼓》杂志刊载，然后交由法鼓文化（原东初出版社）集结于《禅修指引》系列出版，少数则散见于法师的其他著作之中。

不过由于是以时间先后的顺序集结，所以

各篇之间，只有思想与目标的统一性，并没有篇与篇之间的连贯性；而且面对法师如此丰厚的著作，一般人则不免望书兴叹，不知如何下手。于是我们兴起了重新编辑这套书的念头，除了整理脉络，分出次第，书本规格并特别采用小开本，以利随身携带，随时参阅。

这套书的编辑，是依修学的阶梯分为七册：《入门》、《观念》、《法脉》、《公案·话头》、《默照》、《五停心·四念处》、《活用》。除了主要篇章外，配合单本主题亦选录有“实践指南”、“祖师箴言”，内容都是圣严法师对经典、祖师语录等的精彩诠释。书后并提供其他相关参考篇章之篇目，以及关键字检索，帮助读者顺利、迅速进入圣严法师原始的著作，达到旁征博引、互相参照的目的。

这套书虽然取名为“禅修精华集”，但是

圣严法师著作篇篇精华，让我们难以取舍，勉强只能说是一套原著的导读。既为初入门者提供一个方便的路子，先得梗概的全貌；也让已入门者，能够温故知新，时时自我检验。

因此，这是一套精致实用的好书，是修行路上的指引，更是菩提道上的明灯，值得您永远珍藏。

法鼓文化编辑室　谨识

目录

禅与禅宗

观念

禅修精華

什么是中国佛教

众所周知，佛教并不是被限定于某一个特定的民族或国家的宗教，现在传播于世界各地的佛教，都是发源于二千五百年前的印度，并且经过了长时间向各地的流传。

在这期间，由于要和各个民族国家所原有的文化背景相接触，进而为了适应各种不同民族与文化的需要，以致于使得佛教沾上了各种的特质色彩。

然而从佛教的基本原则来说，例如因缘论及因果律的观念，均普遍受到各地佛教徒的坚持。从因缘所生法的观点，便能使人舍去一切以自我为中心的价值观念；从因果报应的观点，更能使人肯定道德生活的重要性。倘若放弃了这些原则，它就不是佛教。

所谓中国佛教，它是依据印度佛教的原则或释迦牟尼佛的根本精神，再加上了中国本土儒、道两家文化的若干成分，变成了普遍受到中国人所乐意接受的佛教。

不过，从佛教初传中国，再等到中国本土佛教的形成，已经经过了三百五十年左右的孕育时期。所以初期的中国佛教，与来自西域或印度本土的佛教，没有什么不同之处，例如像佛图澄（公元 232 ~ 348

年）及鸠摩罗什（公元344～413年）等高僧到达中国，不仅接引而且造就了许多杰出的中国佛教传法人才与高僧，例如道安（公元314～385年）、慧远（公元334～416年）、道生（公元369？～434年）、僧肇（公元384～414年）等人的出现，始为佛教开拓了中国化的局面。

也就是说，在此时期之前，中国人仅忙于接受从西域或印度翻译过来的佛教文化，经过三百多年的学习与研究，尤其在与中国儒家及道家的固有文化不断的竞争与比较之后，这些杰出的佛教高僧们，便大胆地面对佛教的教义，做了重新的评估，并给予崭新的解释。魏晋时代的格义之学，便是一种实例。所谓中国化的佛教，也就从此诞生。

当然，中国为吸收印度佛教所做的翻译工作，是从公元二世纪开始直到十一世纪时，历经约千年时间，一方面将佛教变成中国化。这种工作一直做到公元八世纪时，便有了很大的成就，甚至达到圆熟阶段。同时也在陆续地将发生于印度当时的各种佛教典籍，翻译成中国语文。

有关中国化的佛教，可以列举者有净土、天台、华严、禅宗，尤其从宋朝以后的净土与华严，事实上已和禅宗合流，天台宗也没有特定的教团。

大致上不论任何一派的僧侣，都得遵照佛陀所制订的戒律如法奉行，直到百丈怀海（公元720~814年）时代，禅僧也多住在律寺。不过，他们可以自由选择适宜他们自己所修行的方法和经论。对于禅僧

自成一个教团的情况，那是从百丈怀海树立了禅宗生活规范的丛林清规之后。百丈怀海大师的丛林制度建立之后，佛教的中国化，才算圆满成熟。

可是，从对教义的自由发挥，到僧侣生活方式的大胆改革，已经经过了四百年的时间，在这期间经过许多高僧大德善知识的努力，而最后的集大成者，却是禅宗的人物。然而在禅宗大成就的四百年前，道生法师就已经主张顿悟成佛及众生皆有佛性，结果被当时的众僧认为是邪说，而遭受驱逐的命运，那时距离禅宗初祖菩提达摩到中国，尚早了一百年。四百年之后，怀海创立从事农耕生产的生活方式时，也被时人骂为破戒比丘。

这两个突破传统旧观念的例子，正代

表了佛教中国化的特色，禅宗的人物可谓为是集佛教中国化的大成，所以禅宗也就代表了超越性的中国佛教。

禅观的佛教

禅，日语发音为 zen，中文发音是 chan，印度俗语为 jhāna，雅语为 dhyāna。从修行禅的行为来说，可译其义为静虑，从禅的实体来说，可译其义为定，从修行禅的结果来说，可译其义为功德丛林。

禅乃中国通用的名词，是梵语禅那的简称，在印度多叫做瑜伽（yoga），禅那的语根是由思惟或静虑而来，是用来统一身心的修行方法。在印度思想史上的用法颇不一致，佛教的密宗，即将修行的方法，称为瑜伽。佛教的唯识学派，也以瑜伽为名。它的意思是“相应”，即是用数息观等方法，把散乱的心念收摄，集中一境，专念一物，使心与正理等相应。从佛教立场看它，它就是奢摩他（止）及毗钵奢那（观），佛教以外产生于印度的宗教中，即有一派被称为瑜伽派，然其内容及观法的对象，显然不同于佛教。总之，瑜伽是人们透过静坐修禅观的方法，得到三昧，显露与自性相应，或外道之神与我相应冥合的宗教经验及其过程，即为禅定。

佛陀出现人间的目的，是在帮助人阐发本自具足的自性或佛性。佛陀在《杂阿含经》中对于禅观方法的修行指导均有广泛的说明，这便是构成原始佛教经典的主因。

自佛教初传中国，以迄佛教成为纯中国化的事物，佛教徒们所从事的工作，不外乎对于三藏十二部圣典的修行方法的传译、学习和发挥。这些修行方法，可以归纳为“禅数”、“禅观”、“止观”、“念佛”等方法，这只是针对众生不同种类的根机，其作用都是相同的。

佛教的修行方法，是戒、定、慧三无漏学，其重心是着重在禅定的修持法门，从受持五戒（不杀、不偷盗、不邪淫、不妄语、不饮酒）为修习禅定的基础，修行禅定的结果，便能阐发本自的智慧。唯有智慧才能了断烦恼，所以禅定是休止烦恼的途径，而戒律能预防烦恼的发生。关于这三者之间的关系是：戒是修行的基础，慧是修行的结果，而禅定才是修行的重心，

所以天台宗的集大成者智觊大师，将修习止观，称为“正修行”。在正修之前的预备工作有二十五项，称为二十五方便。可见，从佛教的化世功用来看，除了禅观，就没有佛教。

平常心就是最自在、最愉快的心。

禅观在中国的变迁

禅在印度、在中国，都是佛教徒们所共同修行的法门，虽然在梁代慧皎（公元497～554年）的《梁高僧传》中，记载有共计257篇传记，但是在其中也仅举出21位僧侣是修习禅观之人，不过，这并不表示修习禅观的人太少，而是仅仅为了说明修习禅观而不兼弘教义和翻译经典者的人数并不多。到了唐代道宣律师（公元596～667年）的《续高僧传》中，修习禅观的人数却急速增加，而有119人。这两种高僧传对于禅僧的类别与标准，也显然不同，前者认为中国初期的禅僧，是和印度佛教的头陀行或苦行者相同，他们依法修行，隐于岩谷、林间，常与泉石草木为伍，他们能够摈除鬼魅，役使猛虎。可是自公元六世纪中叶（梁代）以后，对于禅僧的类别与标准，便大异其趣。例如天台宗的慧思（公元515～577年）、智觊（公元538～597年）、灌顶（公元561～632年），自祖至孙三代，均被道宣律师收入禅僧之列。在这时期对禅者的定义，是除了对于教义的研究与发扬之外（尤其对于禅定的修行与弘扬）具有很大的贡献者。但是在当时，尚未听说有禅宗的名称。至于将修行禅定的人们，立为一个宗派，而称为禅宗，乃是公元十世纪（宋初或稍前）时才开始

的事。

若从禅的修行结果来考察，从印度传到中国的初期禅法，是主张渐修和渐悟的，认为由于修行者的功力有强弱、时间有长短，所悟的自性空理，必然也有深浅的不同。故有小乘的声闻、缘觉，和大乘的菩萨等三种等级的分别。这与印度佛教所持的态度是一样的。

到了公元五世纪，道生法师出世，依据他自己的修证经验，便大胆地提出了“顿悟”成佛的主张。他以为修行的入门处，固然可有三种等级之分，可是当他们亲证法性理体的本然自性时，其所体验到的自性，与佛所体验的，乃是完全相同的。这种思想论点的产生，在中国本身，正因为佛教传入中国之前，中国早已有儒家及道家的文化背景。依据谢灵运（公元385～433年）对道生顿悟思想的评介时说，他以为印度佛教是讲求实证，可是却仅止于渐悟，中国儒家的孔子虽说了一极顿入的道理，却不能做到亲切地实证。道生则取其两者之长而舍两者之短。渐次的精进而到豁然大悟时，那就会“纷累尽矣”。此与后世的禅宗所说的“参学事毕”的见解，是颇为类似的。只是在道生之前，已有支遁（公元314～366年），主张七住位上顿悟之说，道安也有渐修顿悟之说，但是均未达到大顿悟的说法。不过这对道生来说，应当具有启示作用。支遁原本是一位研究老庄的专家，并且曾经用老庄的思想来注解佛教的般若空义。道安也曾在其著作中，引用老子的语句，这是受到当时格义风尚

的影响。可见，虽在《楞伽经》中已有“顿现”之说，不过像道生那样的大顿悟，应该是受了中国儒家及道家的影响，也可以说，透过中国传统的固有思想，才将佛教的思想向前推进了一大步。

再从禅的修行方法考察。我们知道，佛教的宗旨，是教道人们透过修行而获得解脱的方法，修行要从日常的道德生活，如基本五戒著手。受持五戒，固然是为了避免造作更多的恶因，以减少将来接受恶果报应的可能性，但是也正是为了修习禅定的先决条件，持戒是禅定的基础工夫。戒、定、慧的三学之间，经常保有连锁形态，是无法加以分割的，也可以说是缺一不可的。

诚如前面所说，禅是修行方法的重心，

禅的异名也有好几个。在佛教初传中国的时期，甚至到禅宗最初的几代的祖师之间，都将它称之为禅观，尤其更侧重于观法，这都是由于受到初期禅观思想的影响。譬如公元四世纪时的大师们，均应用般若空慧，来讲禅观的内证经验，因此便用观行一词来作为修行方法的命名。譬如菩提达摩的《破相论》，又名《观心论》；他的“二入四行”，又被称为“四行观”或“大乘壁观”。第四祖道信（公元580～651年）有“坐禅观心”之说。四祖的弟子法融（公元594～657年）则有“无心绝观”之说。因为修止可得定，修观能生慧，所以大乘禅者便以智慧的悟境为目的，故以观门的方法为着眼点，不过这并不意味着不用止的工夫。

最足以注意的，就是天台宗的智觊大师，他对禅的弘扬，曾分为三级：

一、渐次止观

在他三十余岁时，便以修“禅观”来统摄一切佛法，他将印度佛教中的诸种修禅观的方法，做了极细密的整理和极忠实的介绍，并且加以有层次的排列而总集成篇，写成一部共计十卷的《禅门修证》，又名《释禅波罗蜜次第法门》。

二、不定止观

这是他中年时代，所写的一部一卷《六妙法门》；又有《小止观》一卷，又名《童蒙止观》，即今之《修习止观坐禅法

要》。

此二部小书简明扼要地介绍了浅深不定、能大能小的修习止观的坐禅方法。告诉你在修禅定之前，应该如何做好准备工作，要具备哪些条件；在修行之时，应该如何收摄心念，应该如何调理身体；在行、住、坐、卧，日常生活的四威仪中均可修行，而且应该如何对机修习；在修行的过程中可能会有怎样的身心反应状况，譬如有的会发起善根，有的却显露魔境，有的却显发禅病，应该如何一一地加以对治、调养、觉魔、治病，以及要修证到何种程度时，才可被称为证悟等。让初机人于坐中修习止观，如坐中得益后，再历缘对境修习。

三、圆顿止观

这是他晚年时的思想，他应用“止观”法门来统摄一切佛法，这是他自己所独创的圆顿禅观妙法，他为了不再依据印度佛教的观点，所以在荆州玉泉山完成了这一部共计二十卷的《摩诃止观》，其特点是著重于教义与禅观并重，也就是将理论和实践合而为一，称之为教观一致论的修行方法。他具有印度大论师的严密组织力，而且也有印度大瑜伽师的风格，因此他将修行的方法，做有系统、有层次及有条理的说明和规定。然而对于修行的方法经过理论化及条理化之后，修行起来反而愈不容易得力，以致《摩诃止观》这部圆顿止观，

事实上并没有受到普遍的运用。

虽然，智觊的禅观思想，与后来禅宗的面目并不相一致，不过他所阐述的禅观三阶段，却说明了中国禅观方法的演变过程：也就是由印度的禅观，过渡而又脱胎成立了中国人自己所阐发的顿悟法门。何况后来的禅宗，虽说向上一著，不假攀缘，唯有直指人心，见性成佛。然而在初学入门时，像《小止观》与《六妙法门》之类的方法书，还是有助于走向顿悟之门的工具。所以，道宣律师在编写《高僧传》时，把他算作禅师，不无道理。

禅宗的特色

所谓禅宗的特色，既是中国佛教的特色，也是深受中国文化背景影响下的特色。中国文化的背景，总合言之，乃是以儒家及道家的思想为两条主流。儒家注重人与人之间的伦常关系和社会关系，道家重视个人与自然界之间的调和与统一。儒家的勃兴与活动，大多在气候严苛的黄河以北地区，道家的摇篮是在中国南方，那里气候温和，具有山川的美景及丰饶的物产。正是由于两种不同的生活环境的培养，才产生出两种不同的文化背景。

禅宗，就是要设法适应中国这两种不同的人文环境，才产生了崭新的佛教面目。我们知道，在印度古代的宗教领域中，就已经具有极端的苦行主义及极端的享乐主义。释迦牟尼综合了这两种极端而倡道不苦不乐的中道主义。佛教到了中国，为了顺应儒家所注重的伦常关系与道家的放任自然，便以戒律精神来配合儒家的道德生活，复以禅定与智慧的内容，诱导道家的自然主义。戒律，使得佛教徒的生活，正直清净；禅定与智慧，能使修行者的内心，获得宁静自在。因此，习禅者就不会因为放任自然，而变成逃避现实或玩世不恭的消极分子，也不会由于拘泥于戒律的细则，而变成僵化的宗教工具。让他们在活泼自

在的生活之中，仍然能够表现出精勤肃穆的修道精神。禅宗的大师们，否定一切形式上、教条上及思想上的偶像观念，强调以保持“平常心”为修道者的原则，并以恒常的平实心，去过平常人的正常生活。禅师们纵有超乎寻常的宗教经验和能力，但是却绝不轻易表露。所以在禅宗大师们的生活形态和观念，与中国初期的禅观相比，迥然不同。

又由于中国社会的经济基础，自古以来，除了仕宦及营商的少数人之外，绝大多数的中国人，都是过着农业社会的经济制度下以农耕为主的生活，虽然有部分为逸世的高人隐士，也是以躬耕于山野之间为其谋生的方法，若非灾荒，或懈怠懒散之徒，绝不会沦为乞丐。

当佛教传入中国后，佛教的僧侣们，便改变印度那种依靠沿门乞食为生的修行方式，也不能长期依赖政府的供给与施主们的供养，尤其是每当遇到政府的宗教政策有了变更，或社会经济情况发生了不景气的状况时，中国佛教的僧侣，便会面临无从谋生之苦。倘若仅仅依赖政府政策的支持或信徒的布施来维持的话，那么每当受到生活方式的考验时，便会趋于日渐没落的地步，因此企求自食其力的山林佛教，便应运而兴，那便是百丈怀海所倡道的丛林制度的农耕生活，他们以垦殖山林农田为主要的生活资源，信徒的布施则属于其次。不过怀海禅师被当时的守旧之徒，骂为破戒比丘，因为他们认为，应该过着印度僧侣以乞食的方式为高尚，所以不主张以任何的其他方式去谋取衣食之需。可是，自唐末五代（公元九世纪）以后，佛教尚能在中国绵延发展，这些就应该说是受到怀海禅师所创的丛林制度的农禅生活所赐。

平等简朴的丛林生活

由历史文献的记载，我们得知，禅宗的四祖道信（公元580～651年）、五祖弘忍（公元602～675年）的时代，禅僧的生活，曾经有一次大的变动，已由散居独处，而变成群聚在大师们座下的徒众，因此经常跟随着他们两位共住的大约有五百余人到千余人，甚至在同一道场修行的有长达六十余年之久。而且我们从文献中加以研判得知，当时他们已经能够过着自给自足的生活。踏碓舂米，田园种植，农地耕耘，

以及采薪劈柴等工作，均由寺庙大众共同执役，同时也订立一套僧众共同生活的规约。由此类推，便可得知，由百丈所订立的丛林清规，其实早在禅宗四祖及五祖时代，已经具有了一个雏形。

对于丛林寺院中习禅者的生活，也一扫虚浮繁华的建筑形态，更革除了咬文嚼字的经教研究，不拘印度传来的风俗仪节。他们不设佛殿，不供佛像，唯构法堂，四众弟子并没有私人的寝室，大家同住于禅堂，而卧身之处，即是坐禅之所，执事们的寮房，乃至住持大和尚的方丈室，是办公及个别施教的说法场所。丛林中也准在家人共住，只要是有心参禅并准备出家向道者均可。四众的衣、食、住、行四威仪无别，只有僧俗的形相有别而已，根本没

有优劣厚薄的上下阶级之分。他们唯在上殿说法时，披起象征僧侣身份的袈裟，执劳工作、禅堂修行时，一律都穿随俗的唐服（中国服装），除了剃光头，便与俗人一样。

在他们的日课之中，规定最严格的是“普请”，上自大和尚下至每一个住在寺院的信众，除了病假及事假之外，均应普遍地被请到各自应做的工作岗位去进行劳动生产。怀海本身也严格地实践“一日不作，一日不食”的信条。由于寺众都能自耕自食，不必像印度僧侣那样地，不拣荤素，乞得什么便吃什么了。而且丛林中严格规定，荤腥与酒，不得进门；日中之后，不再进食。寺中经济绝对公开，财产不属于私人，倘若在用之于大众的简朴生活所需

之外，尚有余力时，便可以用之于社会的慈善救济事业。而且无论是谁，只要是触犯了生活的规范，情节重者，集合大众，先用杖打，继之则烧掉他的衣钵道具，再从偏门将之逐出寺外。

像这样的禅者生活，既能适应中国人的社会环境，又能不违背释迦牟尼佛所传的佛教精神。事实上，这反而更能有效地把佛陀教化世人的根本精神，从现实的生活之中表现出来。也就是说：让四众弟子都能过着清净、和乐、任运、自在、精进、平等、慈悲、少欲、知足的生活，不重形式，不走极端，随方随时，随缘施教。

佛教是重视理性的信仰，所以它有许多的教典，而且不断地反复阐明佛陀的本怀。

不过，究竟的法性、佛性，或自性，绝非以言语文字所能表达，也绝不能经由文字结构而成的教典中所能见到，所谓向上一着，就必须从禅定的修习，来亲自体验或印证。因此，禅宗的大师们，便把经典中的理论，称为“葛藤络束”，反而是禅宗修行者的一道障碍。

不过禅宗并非一定要排除经典不可，例如菩提达摩开示二祖慧可，应依据四卷本的《楞伽经》来印心；而且到了五祖弘忍大师时只是更改以《金刚经》来印心；一直到唐末宋初（公元九世纪）以后，中国禅宗兼重《圆觉经》及《楞严经》，尤其是作为一个禅宗的大师，在其开悟后，仍须多看经教，修学一切法，以广度有情众生，例如禅宗有两部好书——《临济录》、《碧岩录》，其活用经教之处，可谓极多。

由禅宗所提供的启示

由以上的分析，可知，中国的禅宗，是既能摆脱宗教形式的束缚，又能过着精进朴实、自力谋生的修道生活；既可不受宗教理论的限制，又可不废弃经典教理的活泼运用。

而且深受禅坐训练的人，其所获得的利益是多方面的，仅仅就打坐盘腿的姿势便可以有益于身体的健康，而止观方法的应用，至少也能令你的情绪获得安宁。所以，习禅的初步效果，就是要令身心的健

康获得平衡与稳定。至于最令一般人所感到神秘与好奇的就是所谓开悟的宗教经验，只要你能无条件地去深信一位高明禅师的话，并依据他对你的指导方法，毫不犹疑地修行下去，只要机缘成熟，便会有亲自体证得到的一天。不过根据高僧大德们的经验，对于开悟的基本条件，就是先要抛弃自私自利的小我，破除了责任感或使命感的执着，自然可以进入无人、无我、毫无挂碍的自在状态时，才算悟境现前，到了那时候，你的身、心、世界，都会现出清净、美、善、真实和充实、圆满无缺的新气象。因此，禅师们首先要帮助你的，就是要去除你身心的障碍与病态，比如自私、骄傲、自卑、怯懦等不健全的心理，因为这些都是进入悟境的最大障碍。最后，我们可以确信，唯有深受了禅的宗教经验的人，才能获得身心的真正健康，也才是一位真正能披露自己的人。所谓有了真人才能真知，因此他才会衷心确认生活的意义及努力的方向与究极的目标。

（选自《学术论考》）

禪

宗通与说通（禅与教）

观念

佛陀涅槃后，渐渐形成这样的趋势：通经说法的称为法师，持律讲律的称为律师，讽赞并读诵经法的称为经师，研究阿毗达摩的称为论师，习定学禅的称为禅师，修持观行的则称为瑜伽师。以中国古代的佛教形态来讲，我不是禅师；以今天的日本形态看，我也不是禅师，这在《禅的体验·禅的开示》、《禅门呓语》两书的自序中，已有声明。虽然我也主持禅七，教人打坐参禅，但我也常告诉弟子及有缘亲近我、跟我学禅打七的人说："我不是禅师，我只是教导你们修行的方法。"由于目前很少有人能以准确的方法教道人修行，所以我只好滥竽充数，献我的敝帚。我透过自己的经验，将释迦世尊以来，在经教中所见的种种锻炼身心的方法，加以层次化、合理化地教导有心修学的人。

禅教不分流

天台宗的三祖南岳慧思、四祖智者大师智觊，华严宗的四祖清凉澄观、五祖圭峰宗密及明末的云栖袾宏等，均被称为禅师。他们不但有修证，而且通经教。明末的禅师中有语录及注释的共计三十四人，不仅是禅宗语录，并有经律的著作。明末之前的禅师，除语录外，绝少有其他的著作。但宋初法眼宗的永明延寿禅师，则是一个例外，他的《宗镜录》，禅宗的人看，自然有禅宗的东西在里头；法相宗的人看，

有法相的东西在里头；天台、华严宗的人，亦各见到天台及华严的东西在其中。明末的莲池、紫柏、憨山、蕅益等四大师，均持“禅、教、律”并重的态度，认为禅是佛心、教是佛语、律是佛行，三业并行始为完整。明末以来，好多有名的禅师，都重视经教、重视修行的方法。我在《禅门修证指要》一书中，即收有一篇《禅门锻炼说》，是明末戒显禅师所写，为锻炼禅者的修行方法，能使普通人成为明眼人，足见他也是一位宗说皆通的了不起的禅将。

宗说相资

《六祖坛经》的无相颂首句即是“说通及心通，如日处虚空”。《永嘉证道歌》也有“宗亦通，说亦通”的句子，宗是禅，说是教，既通宗也通说。自古以来，“从禅出教”，此是说通；“借教悟宗”，则是宗通。此一认识，可以追溯到《楞伽经》卷三所说的：“一切声闻、缘觉、菩萨，有二种通相，谓宗通及说通。”如果离开了禅的修证，一切的经教只是普通的学问；在图书馆中研讨学问的是普通学者，不是佛法

的修行者。佛法固然多从义理的解门而入，但更重要的却是修行与证悟的经验，像胡适之、梁漱溟、熊十力、牟宗三等人，也研究佛教，著书立说，他们不仅未及禅修，而且还受他们自己的立场所限，所以无法认清佛法，则毫无疑问。

宗通了，说出来的话，一定和教理相应，不会违背佛法。像六祖惠能大师，他不识字，闻《金刚经》句而借教悟宗，悟后所说，自然能与经教相一致；如果他所说的违背了佛法，他就不可能成为禅宗六祖。他悟后听印宗法师讲《涅槃经》，问答论对之时，即被印宗法师叹谓："某甲讲经犹如瓦砾，仁者论义犹如真金。"若不通宗，仅在知识学问中讲佛学，那样的人，经中常谓："如数他家宝，说食不能饱。"

所以石头希迁的《参同契》中也一再提及“本末须归宗，尊卑用其语”，又说，“承言须会宗，勿自立规矩。”

要能放下，才能提起。提放自如，是自在人。

借教悟宗

教是佛语，而《楞伽经》云：“佛语心为宗”，此“心”是指佛心，即是大圆觉海；语为言教，心为本觉的智海，故语以心为宗。禅宗自称教外别传，“以心印心”、“不立文字”，意思是真心为根本，言教为方便，若得根本的心法，便舍方便的言教了。因此，初祖达摩以四卷《楞伽经》传授道育与慧可，一直到五祖弘忍，都是以《楞伽经》为心要，以《楞伽经》印心。如四祖道信的《入道安心要方便门》亦云：“为有缘根熟者，说我此法要依《楞伽经》，诸佛心第一。”六祖闻《金刚经》开悟，也劝人持诵《金刚经》，而云：“若欲入甚深法界，及般若三昧者，须修般若行，持诵《金刚般若经》，即得见性。”许多禅师主张“离经一字，即同魔说”，可见，中国禅宗主张不立文字，那是为了扫除知解葛藤的虚妄分别，此即是说不依文字为根本，却未尝不用文字作方便。所以禅宗行者虽不立文字，却又不离经教，自菩提达摩的《二入四行》起，即主张“借教悟宗”；悟后更以经典印心，禅与教必须相应，如不相应，就有问题，就是魔说而非佛法。

神秘经验不即是禅

凡是有修行的，很可能在身心方面，也就是生理和心理方面，或多或少会有若干反应。这种超乎常情，类似神奇、神秘的现象，在西方基督教古代的修道院中，就曾有过神秘主义的教派出现，现代学者们研究他们的经验记载，发现和东方宗教的禅修经验多少也有相通的地方。因此，很多人对于禅、密、道三者的宗教现象，容易混淆不清，以致在修行经验上，产生颇多似是而非的见解。关键在于是否有一位宗说兼通的指导者，在每一个过程及阶段中，或在某种身心现象产生后，引导修学者通过重重障碍，而不致误入歧途。这个指导者，必须是已有修证的明眼人。

在国内的确有一些指导修行的人，是以自己的知见及自己的信念来解释佛法，这是很有问题的。因为人在修行任何方法的过程中，均可能得到一些异常的经验，那些经验使他们产生自信，进一步便会以他们自己的经验来解释佛经，创造出很多怪名词，我们通常称这一类人是“附佛法外道”。另外有一些人，剽窃了几则禅宗语录之后，不从事艰苦的禅修生活，也懒得研究经典，便高唱：持戒是执着，三世因果之说是葛藤，参禅在于顿悟成佛，学密在于即身成佛；既然当下是现成的佛，即

身就可成佛，还讲那些宗通与说通的劳什子做什么？这一类人，乃是不信因果的断灭见外道。

不昧因果

佛法的总纲，乃是戒、定、慧三学，缺一不可。佛法最主要的两大原则是信因果、明因缘。世间有因果，不造恶业，不堕三途；行五戒十善，得人天福报。出世间也有因果，修无漏戒、定、慧，得阿罗汉果；阿罗汉回小向大，则小乘是大乘的因法，三乘共法是大乘不共法的因法；菩萨行即是佛的因行，佛是菩萨的果位。或在生死、或出三界，皆不出因果。如果学了禅，便可不在因果中，那绝不是佛法，而是魔说，自断善根，并断他人的善根。

凡夫造业受报，在因果中；出世的人，以修行为因，以证悟为果，也在因果中。主张不落因果的，便是野狐的邪禅。

不过，在打禅七时，我也讲：通通放下，没有开悟、没有佛。因为临济祖师曾说："求佛求法，即是造地狱业。"所以"逢佛便杀"，这是对正在用功的人，所用破除执着的方法，扫荡身心内外的虚妄情见，故讲没有佛可成、没有法可学、没有悟可开。《心经》讲"心无挂碍"，又说"无智亦无得"，若要完完全全地心无挂碍，当然不能把佛挂在心上；既然无智亦无得，哪来生死、涅槃等的因果、因缘法？文殊师利菩萨仗剑逼佛，他要杀佛，他拿的是智慧剑——"佛来佛斩、魔来魔斩"，斩的是众生执着。

禅七里我讲反话、疯话，不是常经、常论，那些话是药，是针对当时修行者的情况下的药。不曾生病的，不能用此药；未曾修行者，不能听此语，否则，吃了此药，不唯不能治病，反增一重邪见。所以听了我的疯话，如果不得力，那就是不适合你服的药，对你的毒，不能使用。禅七结束，我也一再告诫打七的人，要修戒、定、慧三学；要念佛、拜佛；要学法、供僧；要把我在禅七中所说的毒话，通通还给我，不要带回家去。

要能放下，才能提起。提放自如，是自在人。

明眼师与瞎眼师

禅宗所谓“离四句，绝百非”，这是离文字相、言说相，非理论、非思辨，却不是否定一切。禅，是“唯证乃知”的绝对境界。悟前要有明师指导修行，悟后更要求得明师的印证其真伪深浅。禅宗讲传承，做老师的必然是有修证经验的过来人，所以他有能力印证弟子的境界，证明弟子是否见了正道。如果由于自己看经典，以自己所了解的来修行，得到若干身心的反应后，再以自己所得的经验看经典，这就会

在不知不觉中以自己的经验来解释佛经。文字是死的，若以个人的主观经验来解释，即可能因人而异，一定要通过以佛法解佛法，以佛经解佛经，以佛经印所证的标准，方为和经教相印的禅。所以，要得宗说皆通的明眼人，为之抉择即可，这是重视师师相承的最大原因。如果所遇是瞎眼阿师，给你的印证许可，即称为“冬瓜印子”的伪证，对你有害无益。自古以来，惠能大师是最好的榜样，惠能不识字，听《金刚经》句而悟，悟后到黄梅再听五祖讲《金刚经》。永嘉悟后，犹往见六祖求印证。

禅、教、律、密、净

若以“宗教”二字合为一词，通常是指一种对鬼神及佛菩萨等的崇拜和信仰。佛法中的“宗教”二字，则另有深义：宗是禅，是佛心；教是理，是佛语，实际上，从释迦佛开始，就是禅教一致了。佛法虽然以心为宗，但佛讲了大小乘的三藏教法；在中国，特别是明末诸大师都主张禅教合一，禅不能离教。如唐末被称为华严宗五祖的圭峰宗密，他读《圆觉经》而开悟，又亲近神会三传道圆禅师，而神会为六祖

的弟子，圭峰就是融会禅教，主张教有三教，宗有三宗。佛法是一味的、不分家的，各宗各派都当含有禅、教、律、密、净的成分：戒律是一切善法的基础；修行者无不归宿于各类的净土；近世禅寺的朝暮课诵，有很多密咒；宋代以后的中国，禅净是双修的；元朝以后，“显密圆通”之说也极普遍，这多少都与禅教一致的倾向有关。虽然因此而变成了杂修杂行的佛教，若能掌握戒定慧三学为根本原则的话，仍不出禅教律一体的局面。

要能放下，才能提起。提放自如，是自在人。

腰缠十万贯，骑鹤下扬州

我们不能离开经教而另找修行的方法，修行法门要有经典依据方为安全，所使用的方法不但有效可靠，又必须是明师体验过的，以其过来人的经验，来教导人才成。常常有人问我：“你开悟了没有?”我的回答是：“这不重要。”重要的是我能不能教授人修行的方法，并且安全有效地使人达成修行的目的。当你发生经验之后，或者以为已经开了悟时，请来告诉我，看我那时候如何处置你。该补、该泻，依禅、依教、杀活不拘。我的事则与你无关。

另外，我要劝告诸位，那也是我常对我的弟子们说的："出家是一生一世的事，修行是多生多劫的事。"诸位学佛也一样，学佛要能成佛，那是累生累劫的事，而这一生，我们就该将学佛当做终生的事。不要客串性的玩票，不要一曝十寒，否则，仅仅是种点善根而已。

一天之中、一月之中、一年之中，要安排一些时间来修行，积聚资粮。有句话："腰缠十万贯，骑鹤下扬州。"你没钱，到不了扬州；同样的，成佛也要资粮，必须下工夫多努力，好好修学佛法，才有成熟的一天。

（选自《禅的生活》，节录《宗通与说通》）

禅——担水砍柴

观念

禅是很难表达的一种内心的世界，主观的经验，只有体验的人才会明白，对于没有体验的人要想通过语言、文字、思考，加以说明解释，还是如盲人摸象、鸭子听雷，正如一般人说如人饮水，冷暖自知。我们介绍禅的内容，也只能够用烘云托月的方式，以说明云雾来介绍月亮，无法直接指出月亮是什么。今天用八个子题向诸位介绍禅的内容和现象。也就是围绕着本次贵庄严寺演讲会的召集人张鸿洋居士所指定的主题"担水砍柴皆是禅"，为诸位做两个小时的研讨。

禅是普遍的存在

禅既然是无法形容说明的内在体验，它就不是一样实质或有形的现象，但也可能就是所有一切所能被你接触、发现，或感受到的现象。也就是说，如果没有体验到禅，说什么也不是；如果已经体验到禅，那就是处处都在，俯拾皆是。

所谓普遍的存在，它是宇宙万象每个独立的、个别的事实的存在。譬如说，你不是我、人不是牛、水不是火、东不是西、上不是下。而且你对每一个个体，如果深

入细致地分析，也有更多更多独立存在的个体现象，这在佛法的名词叫做万法或诸法。每一法都有它的界限、定义、特性。对于一个已经有了禅悟经验的人，面对着诸法现象，他会清清楚楚、明察秋毫、一目了然、次第整齐，那也就是如实地反映。这可从祖师们的语录中得到证明：

（1）圭峰宗密（公元780~841年）禅师云：“镜明而影像千差，心净而神通万应。影像类庄严佛国，神通则教化众生。”

这段话的意思是说，悟后的人，心里非常平静，如毫无一丝涟漪的水面，像毫无一点纤尘的镜面，他可以映现一切的景物而且毫厘不差，所谓如实的应酬，也就是因为心中无事也无物、坦荡、空旷、明朗，绝对的客观，所以能够对于一切的事物都能恰到好处地应对处理，显现在他心中的千万种现象，不论美丑、善恶、阴晴、圆缺，无非是佛国的依正庄严。随缘教化无量众生，而仍能心无挂碍，因为自在所以称作神通的妙用。

（2）李翱问药山惟俨（公元745～828年）："如何是道？"师曰："云在天，水在瓶。"

这段话的意思是说，有一天有一位韩愈的学生李翱，也是一位大学问家，去参访惟俨禅师，问起："什么是道？"因为道在中国儒家、道家、诸子百家，各有各的定义，大致上说"形而上谓之道，形而下谓之气"，老子则说："道可道非常道"，都是说明道非具体的事物而是抽象的观念，甚至是不可捉摸的一种存在。李翱当然也知道，佛教所说的道指的是菩提，既是修行的理念和方法，也是修行所证的经验，想看看这位悟道的高僧，怎么解答“道”的涵义。而禅师的回答很简单：在天上是云，装在瓶里是水，同样的东西，有不同的现象，清清楚楚，毫不混乱。水可以变成云，云也可以变成水，可是在瓶中的是水，在天上的是云。这好像同一个人，在不同的场合，有不同的身份，应该非常明白，这就是“道”。不需要把道的涵义想得那么高深莫测，玄而又玄。这就是禅的立场所见到的世界。

(3) 宏智正觉（公元1091～1157年）云：“历历不昧，处处现成。”

这两句话的意思是说，悟后的心境，对任何差别的事物、一切的现象，看得清清楚楚，一不是二，三不是一，但是也不会由于现象的错综复杂而使自己的方寸失去了方向。所以说处处都是现成的。叫它道也可以，叫它佛也可以，叫它什么都可以，那就是禅的悟境。

禅是内外的统一

此所谓内外的统一，就是全体的和谐。这可以有三个步骤：

第一，当你由于打坐或者是按摩、道家所谓导引、印度瑜伽术的体位运动，都可以使得人体的气脉通畅，而感到身心合一的轻松和平安。

第二，用打坐或冥想、祈祷等的方式，可以使我们经验到外在的环境跟内在的心灵，合而为一，此即所谓天人合一的境界现前。

第三，用禅定的工夫，专注于修行方法的焦点，渐渐使得前念与后念连续不变，没有任何杂念出现，那就是定境，是定于一境或一念，也就变成了内在的统一。

如果一位禅师在日常生活中和外界接触之时，他所表现的层次，应该是属于内外的统一。这也是让许多的宗教家及哲学家，认为对“道”的体验，不论西方或东方，虽有解释的不同，而体验的内容，应该是相同的原因。其实从禅的立场来看，它的层次是有深浅的。那就是因为心念的统一，以及连“统一”都要超越的层次，不是语言所能表达的，争论也没有必要。

现在举三个例子如下：

（1）有人问石头希迁（公元700～790年）：“如何是西来意？”石头答：“问取

露柱。”

所谓“西来意”是指禅宗初祖菩提达摩，从印度东来，传授禅法，那么究竟传的是什么？什么叫做禅法？能够说明吗？能够让我们看到吗？

在一般的常识，知道禅法就是心法，需要以心印心，用语言及任何现象都无法表达说明。可是石头禅师叫他去问露天的木桩或者露天的石柱，不论木桩或石柱都是无生物，不可能给你任何答案。但是在一位悟后的禅师看来，内心的体验就是外在的环境。而无情的木桩和石柱，和内在的心、自性的佛、印度来的达摩、现在你面前的石头禅师，都是平等不二、一体无异，所以你要问我石头，不如去问木桩、石柱就好。

（2）有一僧人问牛头慧忠（公元682～769年）：“阿那个是佛心？”师曰：“墙壁瓦砾是。”僧又问：“无情既有心性，还解说法否？”师曰：“他炽然常说，无有间歇。”

这段话的意思，是认为佛心一定是在有情的众生才有，而且那是无杂、无乱、清净的自心，那就是大智慧心及大慈悲心。可是从禅悟者的立场，认识佛心，不从理论解释，而从内心与外境统一的观点来说明。所以说就是墙壁、就是破砖、就是碎瓦。

那位僧人还是不解，接着再问：“像这些无生物也都有佛的真心或清净的自性，岂不就是跟佛一样。那么它们也懂得说法度众生吗？”禅师的回答是肯定的：“这些

无生物，不但说法，而且非常活跃、热烈、积极地说法。经常说法，从无间断。”这比起常识中的佛教观点，更加洒脱，更加自在。

因为当佛成道之时，发现所有一切众生，无不具备佛的智慧和福德，可是从禅师来看，不只有情众生如此，乃至于动、植、矿物，一切现象，无不与佛同体。这就是内外统一的体验。只要心中有佛，心外诸法，无不是佛。

（3）有僧问洞山良价（公元807～869年）：“如何是佛？”师曰：“麻三斤。”问：“如何是佛？”师曰：“干屎橛。”

这两个公案在禅宗史上非常有名，不同的人对它有不同的解释。

在正常的佛教徒不会把无情的植物当

成佛，更不可能用干大便来形容佛，可是通过内外统一、凡圣平等、法法皆如的观点来看世间的万象，就可以理解洞山禅师所见的佛才是真的。也就是说，法法是佛，处处是佛。至于那样的佛究竟是一个身体，还是无量身体？其实既有无量身，也等于处处是佛，处处不是佛，统一就没有差别，就没有佛与非佛的问题。

禅是内心的自在

前面已经说过，禅悟的体验是属于主观的，解脱的感受是属于内心的。如果心有所囿、心有所着、心有所系，便会被境所转，反之便得解脱。所以禅宗特别重视心的历练，炼心又称为炼魔，炼魔的目的称为选佛。禅修的工夫叫做安心，只要心有牵挂，便不能安。必须无心可用，才能无心可安，便是真的解脱。解脱的人纵然身在囹圄，乃至绳捆索绑，斧钺加颈，还能够谈笑风生。这就是内心的自在，属于精神的层次，非局外所能分享及体味的事。

现在举几个禅宗的例子来说明：

（1）三祖僧璨（公元？～606 年）的《信心铭》云："但莫憎爱，洞然明白。"

一般的人遇顺缘则爱，遇逆缘则瞋，顺者谓之善，逆者谓之恶。粗人或小人喜怒形于色，瞋爱现于外，有教养的君子虽然能够瞋爱不形之于色，却无法不动于心，所以心不自在。《六祖坛经》便告诉我们若能"不思善、不思恶"，便能见到我们与诸佛同根的本来面目。那也就是转烦恼而成智慧，所以三祖称之为"洞然明白"，也就是如《心经》所说的"心无挂碍"。明白什么？就是发现只要心得解脱，就是万事如意。

（2）牛头法融（公元594~657年）的《心铭》云：“一切莫作，明寂自现。”

小乘的罗汉圣者，因为已经断尽烦恼，所以称为“所作已办”，自己心中没有要做的事，也没有不要做的事。就会体验到心底的光明，是从不动中产生，既能明而常寂，便会见到自性的佛，就在方寸之间。

（3）清凉澄观（公元738~839年）的《答皇太子问心要》云：“心心作佛，无一心而非佛心；处处成道，无一尘而非佛国。”

这四句话的意思是说，我们的每一念心，无非佛心，以佛心看世间的每一个极微细的空间，无非佛国的净土，也就是如果心得自在，此心即是佛心。以自在心看

世界，此世界即是佛国，不论外在的环境好坏、顺逆，对他来讲，都是一样，这是纯粹主观的解脱境界。可是不要误会，主观的解脱并不等于自我催眠，也不等于自我欺骗。因为那是真实的体验，就好像口渴的人喝到了水、肚饥的人吃到了饭，一样的真实。

（4）大慧宗杲（公元1089～1163年）的《语录》云："欲空万法，先净自心，自心清净，诸缘息矣。"

如果心系一法，便是不空，便有烦恼。如何做到心不系法，不随境转？宗杲禅师告诉我们"先净自心"就好。净心的方法很多，在他的《语录》中，常常教人参无字话头，当话头参破之际，便是明心见性之时，便会发现自性本来清净，到那时节，心外诸法，不论染净、好坏、善恶，对他已是无可奈何。所谓八风吹不动，便是对于这种心得自在的形容。

禅是无我的智慧

禅宗所说的无我、无相、无心，都是指的智慧而言。“无”并不是等于没有，而是指的心无所住的自我解脱。没有自我执着，却有智慧的功能，它的功能，从主观的表现是解脱，从客观的表现是慈悲。如果仅仅离开自我的执着，而不能产生慈悲的功能，那一定不是真的解脱。解脱是智慧，慈悲是菩提心。两者的关系，如鸟的两翼，车子的两轮，必须平行发展，缺一不可。现在举两个例子如下：

（1）菩提达摩（公元527年来华）的《二入四行》云：“经云：‘法无众生，离众生垢故；法无有我，离我垢故。’”又云，“法体无悭，于身命财，行檀舍施，心无吝惜。”又云，“称化众生，而不取相。此为自行，复能利他，亦能庄严菩提之道。檀施既尔，余五亦然。”

这段话的意思，是说得道解脱之人，就像《金刚经》所说的无人相、无我相、无众生相、无寿者相。那是说不会由于自我及众生等的原因，而产生烦恼，名为“离我垢”及“离众生垢”。可是，不会因为自我的解脱，而就不度众生，相反的，更会积极地施舍所有的一切，才能真正表现无我、无悭的智慧与慈悲。所以悟前的

人必须修行，悟后的人还要修行，发菩提心是悟前的人为广度众生作准备，修行六波罗蜜，是悟后菩萨的正行。

（2）仰山慧寂（公元807～883年）问沩山灵祐（公元771～853年）云：“百千万境一时来，作么生?”沩山云：“青不是黄，长不是短，诸法各住自位，非干我事。”

经中说：“法住法位，法尔如是。”意思是说，一切诸法、万事万物，都有他们各自的现象和范围，毫不混乱。在统一的和谐中不失个别的差异现象。若以智慧眼看世间相，每一相各有其自己的位子，所以说，青的不是黄的，长的不是短的，纵然千千万万的境界，在你的面前同时出现，

你不会黑白颠倒，张冠李戴，可是你也不会为其所动，受其所惑，该怎么处理就怎么处理，兵来将挡，水来土掩就好。

禅是无着的生命

生命的现象，可以分作一生一世的连续及多生多劫的连续，凡夫的生命是以业力而随波逐流，生死不已，圣者菩萨的生命是以悲愿的力量，往返于无尽的生死大海，广度无量的众生。同样是有生有死，凡夫是无奈的，菩萨是自然的，凡夫是受苦受难，菩萨是救苦救难，其不同的关键，就在于心有所着和心无所着。

悟后的禅者，已经心无所着，既不在乎生与死，也不在乎不生不死。因为已证

无我，我都没有，究竟是谁去流转生死？因为已证无相，那就没有生死相，也没有涅槃相。换句话说，我无、法也无，所以能够不住生死，也不住涅槃，才是大解脱、大涅槃。这也就是为什么伟大的禅师不需要为他们自己的生死问题担忧的原因了。现在举两个例子如下：

（1）永嘉玄觉（公元665～713年）初见六祖惠能（公元638～713年）就说：“生死事大，无常迅速。”而六祖惠能开示他说：“何不体取无生，了无速乎？”《永嘉证道歌》则说：“梦里明明有六趣，觉后空空无大千。”又说，“几回生几回死，生死悠悠无定止，自从顿悟了无生，于诸荣辱何忧喜。”

这段话告诉我们，永嘉玄觉在未闻六

祖惠能开示之前，他还执着生死的问题，如果不了生死，一旦无常到来，究竟何去何从，这是多么重要而可怕的事！当六祖惠能告诉他不需要害怕生死，也不需要担心生命的无常，只要体会到生即是无生，迅速无速，那就是生死已了，无常不在。永嘉听到这样的开示之后，就把生死的大事解决了，所以要说迷时如做梦，悟后如觉醒。梦中有生死，觉后无世界。所谓无生就是无著的意思，不起烦恼，就是不生分别。畏生死则求涅槃，厌苦欣乐，无非是执着。心无执着，就不在乎生死的可怕，也不会认为涅槃之可取。这是禅悟者对生命的态度。

(2) 大珠慧海（马祖道一的弟子）云："求大涅槃是生死业，舍垢取净是生死业。”又云，“本自无缚，不用求解，直用直行，是无等等。”

这段话的意思非常明显。本来，涅槃和生死、垢和净、缚和解，都是相对的。唯有从生死才知有涅槃，从垢才知有净，从缚才知有解。因此，追求涅槃一定是在生死中，追求清净一定是在垢秽中，追求解脱一定是在束缚中。唯有心无所着，既不畏惧生死，也不追求涅槃；既不讨厌垢秽，也不心喜清净；既不感到束缚，也就不用解脱。那才是活活泼泼、无牵无挂、自由自在的禅的生命现象。

禅是活泼的生活

禅的本身不是宗教，也不是哲学，而是一种生活的理念、方式、内涵。不过跟平常人的生活不同。禅者生活的目的，不是为自己追求什么、表现什么、丢掉什么，也不一定要为环境的好坏而欢乐及苦恼，只要跟着一般的人过平常的生活，该做的做，不该做的不做；能做的做，不能做的不做。努力，既不为自己也不为他人，只是尽其生活的责任。所以，他的原则，既是心不随境，同时也心不离境。不随境迁，

是禅定的工夫；心不离境，是智慧的作用。也就是寂而常照，照而常寂。能寂所以离相无相；能照所以日常活用。活用而不流俗，亦无烦恼，那是智慧的功能。普通的人，心若动便迷失了自己，心若静便闭塞了自己，那不是禅者的生活。

现在举两个例子如下：

（1）《六祖坛经》云：“不是风动，不是幡动，仁者心动。”

这个故事许多人耳熟能详，是因为六祖惠能大师在广州法性寺，见到二僧议论风和幡，一曰风动，一曰幡动，争持不下。惠能大师告诉他们：那个动的现象，既不是风也不是幡，而是你们二位自己的心，心随境动。所以知道景物在动，这是常识，并没有错。如果深一层考察，知道景物在动的，是人的心，也没有错。如果坚持认为幡动或者风动，就成了引生烦恼的原因。可是，凡夫的心动，叫做分别和执着，因为他有主见，就是心有所住，就会失去活泼自由的精神。禅悟者的心，照样会动，不过心无所住，没有执着，所以是智慧的照明作用。因为心无挂碍，所以活泼自在。

（2）《六祖坛经》的“无相颂”云：“佛法在世间，不离世间觉。”又云，“烦恼暗宅中，常须生慧日。”

类似这样的理念，在禅籍中可以发现很多，许多人误解禅宗，扭曲佛教是消极、逃避、厌世的，也的确有许多学佛学禅的人，表现出这样的心态。事实上，禅宗是绝对积极、入世、化世的。它不仅是理论，也不仅是信仰，而是一种活泼、自在、踏实的生活。只要能够练习和体验到不因为顺逆环境而产生爱瞋的冲动，就能太平无事、自由自在。所以，佛法就在平常生活之中，离开平常生活而追求佛法，那就像是龟毛兔角，根本没有这样的事。因为，悟前的禅者，只要知道他们未悟，便与悟境相近，一旦发现事实本来如此，摆下一切欣厌的执着，就是悟境现前。可见，迷与悟，原来贴邻而住，甚至就是一物的二名。智慧生于烦恼而用于烦恼。拖泥带水，瞻前顾后，犹豫不决，爱此瞋彼，就会处处障碍。如果，见怪不怪，知道是烦恼而不拒不迎，当下就是智慧，就能左右逢源地洒脱自在。

禅是运水与搬柴

现代人的工作所得称为薪水，有它的典故，是指古代的读书人和官吏，淡泊清廉，生活得非常节俭，朝廷所给的待遇，仅够买柴烧水，而不敷主食与副食之需，所以称为薪水。

在古代，禅修者的生活比之于书生还要简朴，连柴与水都无人提供，必须自给自足，所以人人需要劳作，每天的恒课之中，一定会有运水搬柴的“坡事”。故在禅语之中，庞蕴居士（公元 785 ~ 806？年）

所说的“神通并妙用，运水及搬柴”便是禅悟者的生活写照。这也就是说，对于禅者而言，日常生活中，处处是禅机；待人接物时，事事有禅意。

生活就是禅。在今天的社会，除了家庭生活还有工作的环境、社会的环境，在工作的环境之中，又有工、商、农，还有军、公、教，乃至自由职业的宗教、文化、娱乐、餐饮等生活方式，不像古代禅者生活那样地简单，从早到晚只有寺院的作息。所谓吃饭、睡觉、走路，以及厨房和庄园的工作。所以在禅宗的语录中，常常发现禅师们就用这些生活现象，来表达他们活用的智慧。例如：

（1）有源律师问大珠慧海（马祖道一的弟子）：“和尚修道，还用功否?”师曰：

“用功。”问：“如何用功?”师曰：“饥来吃饭困来眠。”

(2) 有一僧问沩山灵祐：“师的道法为何?”师曰：“一粥一饭。”

(3) 有一僧问赵州从谂（公元 778 ~ 897 年）：“学人迷昧，乞师指示。”师云：“吃粥也未?”僧云：“吃粥也。”师云：“洗钵去。”

(4) 黄檗希运（公元 847 ~ 859 年间殁）曾云：“终日吃饭，未曾咬着一粒米；终日行，未曾踏着一片地。”

以上四个例子，都讲到吃饭，其中一个例子讲睡眠，一个例子讲行路，实际上，就是以此而代表了我们日常生活中的行、住、坐、卧，衣、食、住、行的生活行为。未悟的迷人，把“道”看得很玄，想得很

远，真像儒圣所说：“瞻之在前，忽焉在后。”又说，“仰之弥高，钻之弥坚。”可是通常禅者的体验，“道”并没有那么神秘。只要凡事离瞋、离爱、离自我中心的价值判断，那就是道、悟、解脱、智慧。总之，禅不离现实的生活。

在两年前，有一位居士，送我一盒好大的紫色葡萄，经过供佛之后，他一定要我吃给他看，我初尝一口，觉得非常鲜美，甜度适当，而且有馥郁的清香，所以我连声说好吃，旁边一个弟子见了就说：“看，师父也贪吃。”那位居士在一旁，看了非常欢喜。到了第三天，那位弟子把葡萄依旧全部留给我吃，而那位居士又给我送来了另外两盒同样的葡萄。我就对他们说：“我没有准备开葡萄酒厂，干嘛把这么多的葡萄给我?”

他们一僧一俗，异口同音：“怎么师父前天爱吃，今天又不爱吃了?”

我向他们笑笑，叹一口气：“好吃，是事实，贪吃则不然。”然后告诉他们：对于一个修行的人而言，应该也有和常人具备的常理、常识和常态的价值判断，但他如果对好的就贪，不好的就瞋，那就离开了道心。

“忙”没关系，不“烦”就好。

本文开头就说，禅境不是能够通过语言、文字、思考而加以说明解释的，所以称为不立文字、直指人心、教外别传的心法。凡是时间上的过去、未来、现在，空间上的前后、左右、上下，都是符号的标志，没有一定的意义，也不代表实质的东西。但是，宇宙的存在，离开这些之外，也就成了虚无的观念，但看我们如何去体验，是则处处是，非则样样非，这在禅宗的公案之中，也可以见到不少的例子，那就是不离方位、不著方位；不离时空、不著时空的禅者境界。

(1)《六祖坛经》记载，六祖到五祖处，说自己是从南方来，五祖就说：“欲求何物?”答：“求作佛。”五祖云：“汝是岭南人，又是獦獠，若为堪作佛?”六祖答：“人虽有南北，佛性本无南北。”

(2)赵州从谂在北方教化，有僧新到，便问：“什么处来?”僧答：“南方来。”师云：“佛法尽在南方，汝来这里作什么?”僧答：“佛法岂有南北耶?”师叹曰：“只是个担板汉。”

以上两则对话，看来似属于不同的层次，第一则中的六祖惠能认为：人有南北之分，佛性应该南北平等。五祖弘忍对之未表示肯定，也未表示否定。第二则中的僧人认为：佛法没有南北之别，便被赵州禅师指为用肩担板的笨汉。事实上，禅悟者为了考验学人，说南说北，目的是在声东击西，只求破除学人心中的执碍，不在于他们所说的南北东西，若能当下会得，便成禅悟的灵机。

（3）马祖道一的弟子西堂智藏（公元735～814年），往见慧忠国师，忠问：“马大师说什么法？”智藏即从东过西而立，慧忠国师曰：“只这个，更别有？”智藏却过东边立。忠国师云：“这个是马师的，仁者作么生？”智藏禅师曰：“早个呈似和尚了。”

这则公案中的一主一宾，相互问答，有色有声，活泼自在，有言等于无言，无言即是有言。马祖大师的“法”，只可以心领神会，不可用口说手呈。因为四大威仪的行、住、坐、卧以及时空的任何一点，是则全是，非亦全非。所以，从东到西是，从西至东也是，那便是任运自在的表现。如果心有所钟，念有所执，便会触途成滞，处处不通，样样不是。不管你是不是信佛、学佛，禅悟者的这种心胸，则不可不知，不得不学。那会使你生活得更加丰富、更加愉快，更加踏实、更加自在。

（选自《禅与悟》）

禅门修证指要（原书序）

观

文字是通往路径的指标

禅宗不立文字，主张教外别传。但是，中国佛教的大乘诸宗之中，禅宗所留下的文字最多，在《大正藏》的诸宗部，禅宗典籍占首位，有一千五百九十九页；天台宗以义理的阐扬著称，却占第二位，计九百八十二页。于《大正藏》的“史传部”，禅宗所占篇幅，与各宗比较也是首位，例如《景德传灯录》及《续传灯录》的两部禅宗史传，合起来便有六十六卷。再看

《卍续藏》，所收中国撰述的部门内，禅宗撰述占了十七册多，共计八千二百八十四页；其次为净土宗的撰述，计不足四册，共一千六百八十五页；再次是天台宗，计一千六百零四页。

可知，禅宗虽称不立文字，并非不用文字，相反地，倒是善用文字来传播佛法的一个宗派。"不立文字"的主张，出于菩提达摩的《略辨大乘入道四行》所称："凡圣等一，坚住不移，更不随于言教。"过了二百多年，至圭峰宗密的《中华传心地禅门师资承袭图》，始有"然达摩西来，唯传心法，故自云：我法以心传心，不立文字"之句。到了宋朝，杨亿序道原的《景德传灯录》时，也说："首从于达摩，不立文字，直指心源，不践阶梯，径登佛地。"由于文字的教义，是用符号形容事物整体或局部的观念，并不等于事物的本身。如果以为文字即是文字所表达的事物观念的本身，便永远无法见到文字所要表达的事物了，所以达摩主张“不随于言教”。可是，文字仍是一种最好的工具和媒介，为了使人达到不立文字的目的，最初还得用文字来作为通往悟境的路标。

以路标为目的地是愚痴，不依路标所指而前进，更加危险；以研究经教为唯一的工作而不从事实际的戒定慧三学的修证者，那是佛学的领域，不是学佛的态度。所以如永嘉大师起先研究经教，后来以禅悟而遇六祖惠能之后，便说：“入海算沙徒自困，却被如来苦诃责，数他珍宝有何益？从来蹭蹬觉虚行，多年枉作风尘客。”一般人只见到禅宗大德诃斥文字的执着，殊不知，唯具有渊博学问的人，才能于悟后扫除文字，又为我们留下不朽的著作，引导着我们，向著正确的佛道迈进。故在悟前的修行阶段，若无正确的教义作指导，便会求升反堕。因此，明末的蕅益大师智旭，极力主张“离经一字，即同魔说”的看法。

禅修要戒定慧三学并重

有人问我：何等人始够资格学禅？有多少人由于学禅而得解脱生死，出离三界？我的答复是：如果限定资格，那就不是平等的佛法；如果学禅不能出离三界，那就是说任何法门都没有使人解脱生死的可能。因为禅是炼心之法，是戒定慧三学的总纲；离戒定慧三学而别有佛法可修，那一定是受了外道的愚弄。

但是，禅的修持，在近世的中国，的

确容易受人误解，那是由于缺乏明师的锻炼指导，或者对佛法没有正确的认识，习禅者便可能堕入两种可怜可哀的心态：

首先，知识较高者，多看了几则公案和语录，往往会以自己的想像，揣摩公案和语录中所示的意境及悟境，自以为懂得了并也悟入了。此即不假真参实修，也不必持戒习定，以为自然天成，本来是佛，即烦恼是菩提，即生死是涅槃。这种人目空一切，放浪不羁，自傲自大，不信心外有佛，不敬三宝，不信三世因果，或者倒因为果。一般人以为唯有利根上智者才够资格学禅的论调，即是错将这一模式的人当成了禅者。

其次，有一辈好求奇迹的人，在修行若干时日的禅定之后，由于求功心切，定

境无法现前，悟境更无踪影，却在幻觉与幻境中自我陶醉，例如自以为见光见华，见佛菩萨像，亲见净土，闻佛说法，以及种种奇象异境。而且逢人便说，他们是已有证悟的人，是具有异能的人，是亲见圣境的人，乃至自以为是某佛或某大菩萨的转世。由于他们以幻觉幻境为实际的证悟经验，也可能招致一些外道鬼神的趁势而入，利用他们的身心，真的发挥若干仿佛是宿命、天眼及放光、喷香等的神奇现象，例如告知你的过去世曾是什么、做了什么，又向你预报吉凶等，非但增强他们自以为是圣者的信念，也能引来许多贪便宜、走捷径以及好奇者的崇拜与追随。一般被尊称为新兴宗教的创始者，在佛教则称之为附佛法外道，大多是属于这一类型。下焉者则成精神错乱的精神病患者，身心均受损害，乃至无法过他们的正常生活。所谓修行禅定走火入魔者，即是这一类型的人。

至于正确的禅者，必定是戒定慧并重的切实修行者，不作浮光掠影的牵强附会，不为光影声色的境界所动，不因身心的任何反应而起执着。此在《楞严经》、《摩诃止观》等的叙述中，均有明确的指示，否则便称为魔境现前。

中国佛教所用“禅”字的意思，是依戒修定，依定发慧的智慧行，它与布施持戒等的福德行，必须相应，始能成就。

正像《阿弥陀经》所说，若人求生西方阿弥陀佛的国土，必须具备足够的福德与深厚的善根方得。如果说禅不易修成，往生西方的弥陀净土，也不是轻而易举的

事。假如不能备积资粮，并且不断地修行，学禅固然不能立即超凡入圣，修持任何法门都会同样地无法速修速成，否则便与因果律相背了。

所以，禅虽不是修行佛道的唯一方法，确是修行佛道的通途或要门，它以戒律的生活与禅观的定力为基础，智慧与慈悲——大菩提心的开发为目的。从释迦世尊以来诸大菩萨及诸祖师无不以此方法而得成就。

因为禅的修行方法，并无定法，若得明师指点，一切方法均可汇归禅的入门方便，包括念佛、持咒、礼拜、读诵等方法，并不限于静坐或禅数。唯其用疑情、参话头，乃是最快捷和最有效的方法。若能用任何方法使得身心宁静之后，再以疑情来参话头，智慧的火花，或所谓悟境，便会出现。当我们有过一次真正的失却了身心世界的经验之后，信心才会落实，气质才会变化，菩提心才会滋长，慈悲心才会殷切。那时，你的心胸扩大、清灵，性格开朗、稳定，奠定了一个学佛者的人格基础。

历来禅门各异变化多端

向来的禅者，以及重视实际修行的佛教徒，大都不重视思想史的演变过程，似乎觉得“禅”的修证方式和观念，从来不曾有过变化，仅凭以因缘而接触到的某一种或某一些禅的方法或禅的文献，作为衡断及修持的标准。纵然是聪明的禅者，涉猎了往古迄今的各种禅籍，多半也仅以同一个角度来理解它们，此与各还其本来面目的认识法，是有很大出入的。

因此，我已在《禅的体验·禅的开示》一书中，以历史的角度，介绍了《禅的源流》、《从印度禅到中国禅》、《中国禅宗的禅》。在本书中，则以抽样的方式，将中国禅宗史上留下的禅门重要文献之有关于修证内容及修证方法者，摘要选录了二十四篇。时间的历程，自梁武帝（公元502～549年在位）时代的菩提达摩，直到现代的虚云老和尚（公元1839～1959年）经过一千四百多年，其间的禅风，因时而异，因地而异，因人而异，变化多端，愈到后来愈圆熟，愈往上追溯，愈明其源头的活水及其基本的形态。

比如几乎尽人皆知，北宋以下，参禅与念佛合流，倡道禅净双修最有力的是永明延寿禅师（公元904～975年），明末的莲池大师袾宏（公元1535～1615年）则将念佛分为“持名”与“参究”的两门，皆以往生西方净土为其指归。持名即是念“南无阿弥陀佛”的六字洪名；参究即是以大疑情参问“念佛是谁”。因此，晚近的净土行者虽不参禅，而参禅者无不念佛；虽有净土行者排斥禅门，真的禅者则殊少非议念佛之行，因为净土的念佛法门，即是禅观方法的一种，如予排斥，就像有人用右脚踢左脚，举左手打右手，岂非愚不可及！

事实上，禅者念佛，早在四祖道信（公元580～651年）的《入道安心要方便门》，即举《文殊说般若经》所说的念佛法门，劝导大家照着修行：“心系一佛，专称名字”，说明禅门也用持名念佛。又引《观无量寿经》所说：“诸佛法身，入一切心想，是心是佛，是心作佛”的观点，说明禅门的“是心是佛”，净土经典中，也早有

此说。我本人亦常劝念佛不得力的人，先学摄心的禅观方法，心安之后，专心持名，庶几容易达成一心念佛的效果。因为念佛往生极乐者，一心念要比散心念更有力。一心念，心即与佛相应，散心念，则不能与佛相应。所以永明延寿的《宗镜录》内，数处提到“一念相应一念佛，念念相应念念佛”的主张，那也正是《楞严经·大势至菩萨念佛圆通章》所说：“都摄六根，净念相继，得三摩地”的道理。要是六根不收摄，净念不相继，而想“以念佛心，入无生忍”、“摄念佛人，归于净土”，是不容易的事。故请净土行者，不可盲目地非议正确的禅门修持。

（选自《禅门修证指要》，节录原书《序》）

禅的修行与体验

观念

禅的修行

所谓禅的修行，究竟是怎么修？修些什么？告诉诸位，除了戒、定、慧三学之外，没有其他东西可修。

一、持戒是修行禅的先决条件

佛教的显密诸宗，无一宗的修行法门不主张先从持戒作为下手的工夫。不持戒，修行禅是不可能的事。现在，我们慢慢地来说明这些问题。

很多人在看了禅宗的公案之后，发现有一些祖师们不拘小节，不严持戒律，如归宗斩蛇、南泉杀猫之类，即以为禅宗是不需戒律的。其实，他们是已出了格的人，才能如此；而还在格内的人，就必须持戒。换句话说，尚在因果之内、未出生死的人，就必须持戒。

戒的定义有两种：

消极方面，不当做的不可以做；

积极方面，当做的则不可以不做。

（一）消极的持戒

不当做的不可以做。此有两层意思：

1．已做之恶，令断绝

已经做了的恶业怎么办？在天台宗的五品弟子位，首以五悔为修行的入门方便，也就是从忏悔开始；此在显教、密教诸宗无不亦然。

在修行过程中，每日早晚都要忏悔，其目的在于使我们外障渐除，内观增明。

如此，我们的心稳定下来之后，才能够修行其真正的法门而得到利益。

2．未做之恶，令不起

如何使恶不起？那就是要我们离开五欲，达离八风。

所谓“五欲”便是：

色欲，眼睛所见的；

声欲，耳朵所听的；

香欲，鼻子所嗅的；

味欲，嘴巴所吃的；

触欲，身体所接触的。

这些都增长我们的贪心，如果得不到，就会起瞋怒心。若能远离五欲，我们的贪、瞋、痴就会减少。如此心便能落实，身心也会因此而得平安。

所谓“八风”，便是利、衰、毁、誉、称、讥、苦、乐。这八种风，能煽起烦恼的火。

什么是“利”？

得称意事名为“利”，即是利益。利益是人人都喜欢的，也是人人想追求的。

譬如，今天诸位来听演讲以前，心里就想着，今天希望从法师的演讲里得到一点法益。当然，这也是求益，不过，这种求法益的心虽然也是功利，却是好的，至

少可以减少你的烦恼。

另外，如果你求的是财货方面的，如用什么办法可以赚更多一点钱，以致将你弄成利欲薰心的程度，那就是被“利”风所动了。

什么是“衰”？

失称意事名“衰”，即是损失，是人人希望避免的。

如果为了一件事，你想从中得到一些利益，结果反而受了损失，你的心就会懊恼、痛苦，那就是被“衰”风所动了。

什么是“毁”？

背后诽谤、攻讦名为“毁”，即是毁谤。

例如，有人对你无的放矢、含沙射影，你仍能够不动声色，这实在不易。所谓

“是可忍孰不可忍”的感受，是通常的反应；即使确有其事，真的做过亏心事，被人揭疮疤而痛苦，也是人之常情。

什么是“誉”?

背后赞美名为“誉”，即是美誉。

有人说：“名誉是第二生命”，可见其视美誉的重要。相同的，有人在你背后赞美你，你知道了，你可能说那无关重要，但是你心中仍然会很高兴，亦是被“誉”风吹动了。

什么是“称”?

当面赞美名为“称”，即是称赞。

当你做了一件好事，有人当场称赞你，你感觉到洋洋得意，或自感安慰，都是被“称”风吹动了。

什么是“讥”?

当面毁谤名为“讥”，即是讥讽。

如果有人在你面前对你用尖酸刻薄的话冷嘲热讽，甚至于大庭广众前，当场给你讥评、讽刺、难堪；你有涵养的话，大概不致以牙还牙，但你若已感到倒楣冤枉而义愤填膺，便是被“讥”风所动了。

什么是“苦”？

逼迫身心的感觉名为“苦”，即是痛苦。

苦有四苦、五苦、八苦的分类法，主要是求不得、怨憎会、爱别离、五蕴炽盛、生老病死等的痛苦。

一切事，只要会使我们身心感觉到压迫和不自在的都是痛苦，要到六根清净位，始能不受“苦”风所动。

什么是“乐”？

悦适心意名为“乐”，即是喜乐。

只要会引起我们的身心感觉到舒服、畅快、愉悦、快乐的，我们就想保持它、占有它、贪着它，此便是被“乐”风所动。

以上所讲的“衰”、“毁”、“讥”，会为我们带来“苦”受，“利”、“誉”、“称”，会给我们带来“乐”受。如果，我们能经常提高警觉，远离五欲，勘破五蕴，就能不为八风所动。

相传宋朝的文豪苏东坡有一段很有趣的轶事，由于他生平酷爱佛学、喜谈禅理，故与江州承天寺的佛印禅师为莫逆之交。有一天，东坡居士作了一首偈语，自觉很有见地，就派人送过江给佛印禅师看，佛印禅师接过一看是：

“稽首天中天，

毫光照大千；
八风吹不动，
端坐紫金莲。”

佛印禅师阅后，把来笺翻过来，批上四个大字：“放屁，放屁！”仍交原人带回。东坡居士阅笺后，非常恼怒，本来想请佛印禅师给他印可的，应赞美他境界高超才对，不料却被浇了一盆冷水，于是，连忙亲自过江找佛印禅师理论。佛印禅师早就预料到东坡居士会过江来的，于是，一看到东坡居士果然来了，就哈哈大笑说道：“八风吹不动，一屁打过江。”东坡居士一听之下，大生惭愧。从此，再也不敢随便说大话了。

这说明了行解相应的重要，连自以为“见地高超”的东坡居士，都被“讥”风所动了。

（二）积极的持戒

当做的不可以不做。此亦有两层意思：

1．已做之善令增长

2．未做之善令生起

当做什么？就是行六度中的布施、忍辱、精进。

我们持戒后，自然贪心减少，慈悲心随着增加。布施是六度之首，也是培养慈悲、广结善缘的方法。忍辱则为修行者的有力增上缘。刚才，李长者替我作介绍的时候，也说我是一位从艰苦中磨炼出来的苦行僧。其实，我在苦中之时，自己没有感觉到如何的苦法；也唯有从苦的境遇里，才会有精进奋发的心。如是在欢乐之中长大的人，他对于人的慈悲心、同情心便不容易产生，他也难以体会出众生有苦、世间有难！

对于一些批评毁谤我的人，我常常把他们当菩萨看。譬如，我能到日本留学，我必须感谢天主教的一位神父，和基督教的一位牧师。因为，他们曾经撰文公然地批评佛教，指出今日的和尚，知识低落到不仅无人懂得梵文，无人通晓今日世界通用的语文，即使通达中文佛典的也少之又少。我看了以后，心中非常难过，因此，发愿为中国佛教的僧人在学术的地位上争一口气，而出国去了。出国后不久，在国内的僧俗二界，非但甚少有人支持我，且有不少人公开或私下作恶意的批评，及善意的论议。甚至我的师父亦曾为此事，要我公开澄清，并且特地到东京来看我。在这种情况之下，对我的压力愈大，愈促使我努力把书读好，完成了在东京六年多的课程，而取得了硕士及博士学位，并出版了博士论文。当然，我始终感谢三宝的加持，使我愈挫愈奋。这应该是忍辱所产生的力量了。

二、修定是进入禅门的方便法

在唐朝以前，中国的禅是以修定为主的，所谓禅观或禅数；而唐朝以后，初期的中国禅宗，是以慧为目标。至于我自己，则时常跟我的弟子们说，禅的修行，是必须经过定的过程，但不以定为目标，乃以定为进入禅境的手段。若修定不修禅，易

落入外道的四禅八定；若修禅不修定，能够进入禅境的可能，就极为渺茫。故在中国禅宗的祖师之间，对于定，分作两种不同的态度。

（一）第一种态度的系统

对“定”采取否定的态度。也就是说，不需入定，便能直接进入悟境或禅境。

1. 佛陀时代有些“慧解脱”的阿罗汉，未先修定便得离欲。

2. 在中国禅宗三祖僧璨的《信心铭》头一句就说：“至道无难，唯嫌拣择。”意思是说，寻求最高的道并不难，只要你能除去了分别心，至道便在你的面前出现。因为，道是自然的，不假方便的，道若可修的话，那一定不是至道的第一义谛，只是方便法的第二义谛。

3. 从禅宗六祖惠能的《六祖坛经》可以看到两偈：

神秀偈曰：

身是菩提树，
心如明镜台；
时时勤拂拭，
勿使惹尘埃。

惠能偈曰：

菩提本无树，
明镜亦非台；
本来无一物，
何处惹尘埃。

由上面的偈子可知，神秀仍未见到离绝“人我、法我”二执而显现的真如本性，仍是在有分别的心境上下工夫，如此，就

不是禅，是渐次修定的过程。而惠能认为菩提本来并不是什么可以生长的树，自心本明，并不如镜有台；心地本来就光明皎洁，何处惹来灰尘及污垢而需要拂拭摩擦？这是不作修行的至高禅境，亦是对于定的修持，站在否定的立场。

4. 从马祖道一的“平常心是道”来看，马祖主张行、住、坐、卧尽是禅。非凡夫行、非圣贤行，便是菩萨行；无造作、无是非、无取舍，故谓平常心为道。主张：“本有今有，不假修道坐禅；不修不坐，即是如来清净禅。”

5. 从宋朝的大慧宗杲直接教人参个“无”字话头来看，他主张以直截了当的方法，直参“无”字话头，使其分别不生，虚明自照。故此，宋朝以后，叫人参话头的方法，非常盛行。此虽已经有了修行方法，可是仍不落阶梯层次，因为一落层次，就不是禅了。

（二）第二种态度的系统

对“定”采取肯定的态度。这是说，慧由定生，依定发慧。

1. 从《遗教经》的“制心一处，无事不办”来看，释迦世尊教比丘们修行，主要也是用的禅观方法。就是教人将散乱的心念集中起来之后，心得统一，心能统一，就不会受任何外境所动，而能远离烦恼。因此，“制心一处”乃是渐次修定的工夫，到达最高层次，便是小乘的阿罗汉果。

2. 从五祖弘忍的《修心要论》（即《最上乘论》）所说“行知法要，守心第

一”的意思来看，就是教人将不动的真心守住，若能守住真心，妄念自然不生；妄念不生，“我”及“我所”心灭，无明消失、智慧产生，后得成佛。这种守心的工夫，即与制心相似，也即是定的修行方法。

3. 从永嘉玄觉的《永嘉集》之《奢摩他颂》所说“惺惺寂寂，寂寂惺惺”的主张来看，惺惺是“观”，观照我们的心念；寂寂是“止”，静止散乱的心念。当一念不生之时，仍是非常清楚，便成了止观不二，或云寂照不二的工夫，悟境因此现前。

4. 从憨山德清的《观心铭》所说“观心无相，光明皎洁”的意思来看，当一念不生之际，便能彻见自心，了无一物，干干净净、圆圆明明，充满法界。他既主张“观心”的重要，此心不论是净是染、是真是妄，凡用观照工夫，便是一种修定的方法。

5. 从宏智正觉的“默照”法门来看，默照的本身便是上乘的定境。他一生提倡默照禅，其《默照铭》所说：“默默忘言，昭昭现前”，即是在离言的默默之中，不失灵然的观照工夫。一片寂默而又清明朗照，默而照、照而默，大自在、大活泼，达到“透顶透底”的一片悟境，此仍是定的境界，却亦是慧的境界了。

三、慧就是禅

禅宗不以为从经教、理论中可以得到智慧，所以称语言的经教为葛藤络索。智慧不从外求，但由心悟，所以禅的本身，就是智慧。以直截了当、快刀斩乱麻的方式，破无明的厚壳，出生死的迷网。当你突破自我中心的情执，无差别的智慧现前之时，一切经教便成了你自己内心中的事物，纵然未涉及经教，所见亦必与经教相应。是以真正由明师指导，用禅的方法而得开悟的人，必定行解相应，与经教的理论不谋而合。例如，在美国有一个中国籍的女子，打了一次我的禅七之后，她到沈家桢居士处，看到一部《圆觉经》，当她看完了第一段，就晓得第二段是讲些什么，看完了第二段，下一段讲些什么，她也知道。于是沈居士感到惊讶地告诉我，我说我无秘密法门，只用禅的方法，使她的慧根发起了一点作用。

禅宗主张“不立文字”，但在中国佛教

的大乘诸宗之中，禅宗所留下的文字最多。例如，大慧宗杲虽把他老师的《碧岩录》烧掉，说是这个东西害死人，不要让以后的人再上当。结果，他自己也写了许多、说了许多。文字只是用来作为通往悟境的路标而已，如果，你能遇到一位明师指导，而你又相信他，跟他学习的话，不用文字经教，也可达到悟的目的。我虽不能保证在多少时间之内，你一定会得到什么效果，但是，如果你继续努力下去的话，定会有意想不到的收获。困难的是，你若不依经教，便不易判别谁是邪师谁是明师。

（选自《拈花微笑》，
节录《禅的修行与体验》）

禪

禅的修行与证悟

观念

禅修精華

给人方便等于给自己方便。

禅是什么？

“禅”究竟是什么呢？事实上，“禅”是不着语言、不立文字的，能够用语言文字来解说的，就不是禅。若真要说禅的话，我一站上台就应该立即下台的。因为“禅”是只能意会不能言传的，一经书写或口说即成废话。

然而我却不得不说，因为禅门有个“以指标月”的譬喻：对于一个从来不知月亮为何物的人，在苍茫的星空中，不知哪一个叫做月亮，这时候就需要一个认识月亮的人，用手指着月亮说：“那就是月亮！”

所以，语言、文字只是个标示工具，真正的“禅”是要靠自己去体会的。

如果说此刻我是手指，那么，请问诸位：月亮在何处呢？

“无处不在。”（听众回答）

“该打！”（作者回答）

“第三十层楼。”（听众回答）

“这个答案也不对，因为动念即乖，开口就错！”（作者回答）

禅学的基本概念

一、“佛语心为宗，无门为法门”

——《楞伽经》

上一句话是说，佛所说的法是告诉我们，一切以心为根本，句句都是从清净的心性中流露出来的；语言是虚假的，唯有心性才是真实不变的。

下句指出，欲达开悟见性的境界，应以“无门”为入门的方法，所谓“无门”

是指没有特定门路的意思；如同有些学校并没有特定的大门，要走入校园内，四通八达，并不一定得要通过某个特殊的大门一样。

宋代有一本慧海禅师编集的公案书就叫《无门关》，里面记载的都是以无门为入门，因而开悟的故事。有兴趣的人，可以去参阅。

二、"我此法门从上以来，先立无念为宗"、"无者无二相，无诸尘劳之心"

——《六祖坛经》

每一个人都可以找到适合自己的一条门路，但是首先要把握一个原则，即是：

对内需胸无成见，不得执着，对外不能有任何的分别心。这种情形叫做“无念”。

无念并不是没有念头，而是这个“心”，内不受自我所束缚，外不被环境而动摇。以此为基准，就能够找到一个修行的门路了。

三、“此法门，从一般若生八万四千智慧”

——《六祖坛经》

禅学与世间一般的学问不太一样。一般的学问乃至哲学，是要靠自己的思考，以及知识经验的累积而成。“禅”却是要在放下内在及外在的一切知见之后，才能激出无漏的真实智慧，那即是开悟。

所以有人主张，最笨、最懒于做学问的人，应该来学禅，因为禅宗既不需要世智辩聪，同时也不要求博学强记。

但是相反的，也有人认为只有聪明利根的人，才够资格问津禅学。因为有大智慧的人，可以随时吸收，随时放下，因而得以日新又新。这样的人，才可能开悟。

四、“世人妙性本空，无有一法可得”

——《六祖坛经》

一般求道学法的人，总以为“道”或“法”是实有之物，因此，不断向外寻求，不是向佛求，就是向师求。但是禅宗却要人打破这种观念上的牢笼，直指本心，禅

宗认为心外别无一法。

五、“离性别无佛”、“见性成佛”

——《六祖坛经》

中国的禅宗特别重视开悟见性，然而“自性”是什么呢？六祖惠能大师说：“菩提自性，本来清净，但用此心，直了成佛。”又说，“前念迷即凡夫，后念悟即佛。”指出佛与凡夫的不同，只在前者悟，而后者迷罢了。如果能够到达“无念、无忆、无著、内外不住，来去自由”的境界，即是“见性成佛”。

禅宗如何修行？

一、静坐不是禅，枯坐也不会开悟

释迦牟尼佛在证悟之前，曾于雪山下坐了六年，而达摩祖师初入中国之时，也曾在嵩山面壁九年，由此可见打坐的重要性；因此，中国初期的禅师们，都仍沿用印度的传统方式，特别偏重禅坐的工夫。这种情形一直沿袭到惠能大师，尤其是南岳怀让禅师时，才出现了一番变革，那就

是重悟不重定。

有一个公案便是个中代表，当年马祖道一禅师在南岳怀让座下的时候，十分用功，整天都在蒲团上打坐。但是怀让看在眼里却颇不以为然，于是捡起一块砖头，到马祖面前用力地在石头上磨起来，由于声音很大，惊扰了正在打坐的马祖，开口问说："和尚磨砖做什么？"

南岳说："磨来做镜子啊！"

马祖失笑说："砖头怎么可能磨成镜子！"

南岳反问："磨砖不能做镜，打坐又岂能成佛！"

马祖听了这些话，当下便开悟了。

开悟在于放下自我执着，打坐只是身体不动，如果内心思绪汹涌如波涛起伏，或如躲在黑山鬼窟，无所事事，坐得再久，也是白费工夫。

二、静坐时能觉察心中有烦恼，便是修行

《圆觉经》中说："知幻即离，离幻即觉。"但也切忌抗拒烦恼，希企开悟，否则，喜静厌闹，欣净拒染，便不能悟。

三、平常生活即是禅的修行

禅宗有一个故事说到，有一天有位僧人向赵州请法而问："学人迷昧，乞师指示。"

州云："吃粥也未？"

僧答："吃粥也。"

州云："洗钵去。"

这也就是说，该吃粥时去吃粥，吃完了粥应洗钵，该如何就如何，便是佛法。

许多发心学佛的人，常误以为，只有在佛前上香、礼拜、诵经，或是到深山古洞去闭关打坐才是修行，殊不知生活就是修行。禅宗主张应该将修行落实在日常生活中，对于日常一举一动的每一个念头，都要清清楚楚，明明白白的；不管是行、住、坐、卧、吃饭、穿衣、待人接物都是修行。

所以，有一次有源律师向大珠慧海禅师请教："和尚修道，还用功否？"

慧海禅师答说："用功。"

又问："如何用功？"

禅师云："饥来吃饭困来眠。"

有源律师问："一切人总如同师用

功否?”

慧海云:“不同。”

曰:“何故不同?”

慧海说:“他吃饭时不肯吃饭,百种需索;睡时不肯睡,千般计较,所以不同也。”

可知,心无杂念妄想,不打坐也是修行,心有杂念妄想,打坐也不能开悟。

四、执着修行便不是真修行,不注意修行更不是真修行

现在我们再回到“磨砖不能做镜”的公案上。马祖知道执着于形式上的修行没有用,因而开悟。那么,是否便意味着,不曾练过打坐,或从来不注意修行,也一

样可以开悟？当然是不可能的！

许多年轻气盛的人，往往以为："成佛也不过如此，开悟也没有什么了不起！对我而言，开不开悟，没有什么不同！"然而一旦困境现前，烦恼缠绕时，就不免于挣扎之苦了。

五、经常保持直心和平常心，便是修行

《维摩经》中有两句话："直心是道场"、"直心是净土"。所谓直心，就是平常心，也就是完全没有主观的分别和执着，但有超越主客观的清净心，那就是有大智慧的人。经常保持直心，当下就是在清净的佛国里。不过要有这种工夫颇不容易，所以，需要不停地练习。

有些人会自以为他们的心，已经不具任何主观意识，也不带半点分别执着，其实这很可能是自欺欺人。因为凡是没有大彻悟的人，都还有我执未消融，自然会有人、我之别，乃至不免于内在感情的冲动。

六、清清楚楚地不思善、不思恶，便是修行，便是开悟

远在四祖道信的时候，他就曾提出如下的看法："荡荡无碍，任意纵横，不作诸善，不作诸恶，行、住、坐、卧，触目遇缘，总是佛之妙用，快乐无忧，故名为佛。"他认为不用任何方法，不须行善去恶，该怎么就怎么，不作主观的分别，当下就是佛性的显现。

又《六祖坛经》里也有一段有趣的公案：当初六祖惠能为了避开夺法争衣的纠缠，向南潜逃，却被惠明追到。六祖于是对有意夺他衣钵的惠明说："汝既为法而来，可屏息诸缘，勿生一念，吾为汝说：不思善、不思恶，正与么时，哪个是明上座本来面目?"惠明便于言下有悟。

七、参话头，坐疑情，破疑团时即为开悟

我有个学生是澳洲人，他经过长达八年的修行，功力已达某种程度，可以连续打坐数小时而不起座。他自以为已入无我之境，因此十分自得且执着。直到有一天看到我所写的书，才惊觉原来他对自我的执着仍然牢不可破。因此，他特地到台湾，

跟我打了一次禅七，我教他用参公案的方法来淡化自我。七天下来，他觉得自我的意识果然比较淡了。

所谓参话头、参公案，就是用紧迫盯人的工夫，把参禅人的心逼得进退无路，而又非走不可；无开口处，却又不得不开口。所以，参公案就是叫人生起大疑情，把妄想杂念，通通逼进死巷，继之一网成擒，兜底捣成粉身碎骨，便是悟境现前了。

禅宗如何开悟？

一、无心可安即可开悟

有一个相当著名的公案：禅宗的二祖慧可向初祖达摩请法云："诸佛法印，可得闻乎？"

达摩云："诸佛法印，匪从人得。"

慧可说："我心未宁，乞师与安。"

达摩说："将心来与汝安。"

慧可遍寻不见心，便说："觅心了不

可得。”

达摩说：“我与汝安心竟。”

诸位也可以参一参这种安心之法，先把身体坐直，轻轻靠着椅背，将全身肌肉放松，脸部放松，眼球放松，头脑也跟着放松。

然后注意你的心在想什么，能否不想。不想的时候，你的心在哪里？正在做什么？是不是还有一个“心”呢？如果没有了心，不就成了死人；若还有心，便是妄念。

无心不是死亡，有心不是妄念，不生亦不灭，才是安心。如果大家全都同慧可一样，觅取不宁的妄想心而了不可得，那就是开悟了。尽管这不是那么容易，但是经由不断地练习，人人都可能从分别执着的不宁心，逐渐到达没有分别执着的无心。

给人方便等于给自己方便。

二、心无所住便开悟

中国禅宗史上最重要的一位祖师，是第六祖惠能大师，他是听到《金刚经》里的两句话而豁然开悟的。这两句话是："应无所住，而生其心。"意思是说心已经没有了分别和执着，但仍有其随缘度化的作用。

惠能了悟一切万法不离清净的自性，未悟时以万法为烦恼的渊薮，悟后则以万法为行道的工具。

三、心无所求便开悟

大珠慧海禅师求见马祖道一时，马祖问他："从何处来？"

答说："越州大云寺来。"

“来此拟须何事?”

“来求佛法。”

马祖说:“自家宝藏不顾,抛家散走作什么?我这里一物也无,求什么佛法?”

慧海作礼又问:“阿那个是慧海自家宝藏?”

马祖说:“即今问我者,是汝宝藏,一切具足,更无欠少,使用自在,何假向外求觅?”师于言下自识本心。

四、不污染即开悟

南岳怀让参六祖经八载,忽然有悟,乃白祖曰:“某甲有个会处。”

祖曰:“作么生?”

曰:“说似一物即不中!”

祖问："还假修证否?"

曰："修证则不无，污染则不得。"

祖曰："只此不污染，诸佛之所护念。"

在禅门中，类似的公案很多，有的须经过长期的苦修，仍是不得力，却往往在不经意的刹那，因为听到一句毫不相干的话，或是见到一个完全没有意义的动作，突然开悟了。所以，击竹、渡水、看花，都可以开悟，闻雷鸣、受喝斥，乃至闻青蛙入水声，都可以悟道。

例如：古代有一位灵云禅师，是见到桃花怒放而开悟的；另有一位禅师是在扫地之际，听到飞石击竿的声音悟道。至于我的师祖虚云老和尚则是在接热开水之际，因茶杯摔落地而觉虚空粉碎，大地平沉。也有一位禅师在经过多年的修行还没有见

性，一天清晨，在起床的时候，不小心让鼻头撞到了门框，因为突如其来的剧痛，使他不觉失声大叫说：“哇！原来鼻子是向下长的！”当下，他开悟了。

给人方便等于给自己方便。

禅宗的棒喝功能

一、德山棒打新罗僧

有一个新罗僧渡海到中国，依止德山禅师座下。德山一见到他就说："今天不许发问！"这个韩国和尚就趋前下拜。

结果德山说："赏他三十棒。"

新罗僧急急抗辩："我并未出声啊！"

德山喝说："你未离开新罗之前，就该先吃三十棒了！"

这位新罗僧在挨了三十棒后，究竟开悟了没有，书上没有记载。假如他因此开悟，尽管挨了三十棒，其实还是很划算的。打的功能是在于逼得参禅者的攀缘妄想心，没有躲避处，结果就能帮助你的悟境现前。

二、云门文偃参睦州道明禅师

道明禅师一见云门便把门关起来。云门扣门，睦州问说："是谁？来做什么？"

云门说："有事理不明白，请师开示。"

睦州开了门，见是云门，便又"呼"的一声，将门关上，云门于是不断扣门。

一直到第三日，睦州又开了门，云门赶紧夺门而入，一只脚跨进房里，这个时候，书上记说："睦州遂掩门，损师一足，师忍痛作声，忽然大悟。”

虽然打断了一只脚，但是因而得以大彻大悟，一点也不冤枉。

不过大家不必害怕，上述情形只是特例中的特例，不是工夫到了家，也还用不上这个方法。禅师更不会随便动手揍人，否则的话，禅堂岂不成了疯人院，哪里还是修行的地方？

三、临济三问三遭打

临济义玄往参黄檗希运，问：“如何是佛法的大意？”话声未了，棒子便落在身上，他问了三次，挨打三次。于是告别黄檗禅师，临走前，黄檗指示他去参访马祖的嫡法孙大愚禅师。

义玄向大愚禅师细述三问三遭打的经过。

大愚听了说："黄檗怎么老婆，为汝得彻困，犹觅意在！"

义玄听了大悟，便向大愚肋下打一拳。大愚说："汝师黄檗，非干我事。"

义玄回到黄檗处，被问："何回太速？"

义玄说："只为老婆心切！"

黄檗云："这大愚老汉，待见与打一顿。"

义玄说："说什么待见，即今便打。"遂鼓黄檗一掌，黄檗哈哈大笑。

四、临济遇着便打

临济义玄的宗风，是能活用禅机，棒

喝并行。在《天圣广灯录》卷一〇里有如下的记载：

一僧来见，师举拂子，僧礼拜，师便打。

一僧来见，师举拂，僧不顾，师亦打。

一僧来参，师举拂，僧曰：“谢和尚见示！”师亦打。

此皆以这些人的心中有物有碍，所以遇着义玄禅师，便是遭打。

结　语

今天，我在这里放了一把“星星之火”，待它燎原后，再让高明者来“救火”。谢谢贵校的邀请，谢谢 Zysk 教授的安排，谢谢诸位老师及同学们的出席指教，并为大家祝福。

（选自《动静皆自在》）

禪

禅——自我的消融

禅修精華
Chanxiujinhua
观念
禅修精華

自我是最难消融的，这是最可爱、最坚固，也是最讨厌的东西。人人都知道用自我中心的观点来衡量人、要求人、评断人、指责人、支配人、改造人，却很少想到其他的每一个人，也有各人的自我中心。因此就产生了种种的对立，彼此之间摩擦不断，也争辩不休。可是，从禅修的立场就有办法使得自我消融。

或许你们会问："圣严法师，你是不是已将自我消融了?"可以这么说：从小时候起我就是常想到自己有什么东西可以给人，但未想到我是个施与者。如同现在，仅考虑到如何将我所知道的佛法，以何种方式来供养诸位；却没有想过，站在台上的是位老师，应该以老师的立场来教训学生。

这好比当我在某小吃店，尝到非常可口的饮食以后，只要有机缘便欣然地向人介绍，希望别人也能分享美味。然而，店中的食物并不是我的，也不是由我烹煮调配的。人们能享受到的，也不是我所给的，是人们自己拿钱购买来的。

不过，教人消融自我比较容易，自己来做则很难。

最近，我们有一个专职的职员外出受训，回来以后，自己以为学到了很多新观念，也懂得了很多新技术，于是逢人就说："要尊重他人，能尊重他人，才能获得他人的同情、爱戴和拥护。"结果，有人立即问他："你能不能接受他人的建议？"他说："我现在告诉你，是希望你能照做，你还有什么好建议的呢？"对方说："你刚刚口口

声声说‘要尊重他人’，如今，是不是也该尊重我们呢?”他说：“我是教你们要尊重他人，但不是教你们要求别人尊重你们。”

我还有一位聪颖敏慧的出家弟子，他时常为常住大众做企划工作，策划某人当做某种执事，该执事应如何如何地照着去做便会做得非常好；他策划这个人应该要这样做，那个人又应该要那样做……但是，每当常住大众要求他或指派他做某项执事时，他总是说：“我是策划人，不是执行人，我只计划让别人做，至于我自己呢，还未想到要当执行人。”请问诸位，处在现今的社会上，包括你自己在内，偶尔是否也是如此的人呢?

在座的诸位，几乎都是各行各业的领导人物。当你们指挥人时，又如何呢?是不是或多或少犯了这种“自我中心”的毛病而不自知呢？这次禅修营的主要课程之一，即是训练大家如何消融自我。以下就围绕着这个主题，来分析自我是什么？又以什么方法来实践自我的消融。

眼光，是你的智慧；运气，是你的福德。

自我是什么

站在佛法的观点看“自我”，可分成两个部分：

一、人我

人我包括“你、我、他”，细究之，则只有主观的“我”以及客观的“他”。《金刚经》中，以“我、人、众生、寿者”来涵盖。

所谓“我”，是指单独的个体，也就是

自己。“人”是指与自己相对的另外一人“你”。“众生”即是包含“他们”，也就是多数的“你”。至于“寿者”的意思是因不断地遇到“你”和“他”，而在时间上是延续的。换句话说，在时间之流的你、我、他，都称之为“寿者”。

二、法我

“法”是指统一的东西。“法我”即是“五蕴”（色、受、想、行、识），前一属于物质界，后四属于精神界。五蕴总称为“我”，就是法，所以五蕴也称为五蕴法，它是三界之内的生死之法。

小乘观察到五蕴假合的我，是由于地、水、火、风的四种基本元素所形成。四大

调和，便会身体健朗；四大违和，便会产生疾病。所以，不以色身为实在的我，不应执取色身为我而造种种的生死业。换言之，小乘看到五蕴所成的我虽假，五蕴法则不空，故不希望再受生死。也因为畏惧生死，所以希望求入涅槃，一旦修行成功，便不再处于生死之中，离开了现实世界。这种将生死与涅槃分为两截的执着心，便是法执，又名“法我”。

大乘菩萨是住于生死而不着生死，虽在生死之中，却不受生死的束缚。如《心经》中所说：“照见五蕴皆空”，即度一切生死苦厄，既然五蕴皆空，虽有生死，也是空的，于是便不怕生死了。

“我”的消融方法

“我”的消融方法，可分成两个部分：一是观念思想上的消融，二是方法技巧上的消融。

一、以观念思想消融自我

为何而有“我”的存在？“我”的事实又是什么？由于有了我贪、我瞋、我痴、我慢、我疑、我见等心理活动，便产生了“我”及“我所”的执着。

1．我贪

指贪欲。贪吃、贪睡、贪名、贪利等等的五欲，都是贪的现象。什么是五欲呢？通常分有两类：

（1）通俗地说，财、色、名、食、睡。

（2）正轨地说，色、声、香、味、触，此为佛经中常用的观点，眼见色，耳闻声，鼻嗅香，舌尝味、身体所接触到的一切感受，如：冷、暖、滑、涩、轻、重等。

2．我瞋

贪不到、求不得、丢不掉、摆不脱，便生瞋；或者已贪得却又失掉了也会起瞋。凡是不如意、不称心、不满意的皆会引生瞋心。

3．我痴

不明因果，不识因缘。为求私心的满

足，希望不合理的事情成为事实，就是违背因果；如果不种善因而盼得善果，或种了恶因而欲拒绝恶果等，就是不明因果。本来可以努力尽人事的事，而未尽心力、未能成事，或者已经尽了心力，成就了事业，便以为全出于自己的功劳，便是不懂得众因缘所生的道理，就是昧于因缘。

4．我慢

可分为四种：

（1）骄慢，自觉了不起，不一定有理由；

（2）过慢，自觉强过别人而起慢心；

（3）增上慢，在修行上得少为足，有了一点小小的经验与成就，便自觉已获无上的圣智、圣果；

（4）卑劣慢，也就是一般所说的“酸

葡萄”心理，自己很差劲，没有出息，却见不得别人好，不但不赞叹，甚而鄙视别人的优点及成就。

5．我疑

不但怀疑自己，同时也怀疑别人。这是与信心相对的，凡自信心薄弱者，便会对自己的能力产生怀疑。人应该相信自己，才能除疑，否则就不会做成任何事了。另一方面，若怀疑别人则会树立很多敌人，以致发生四面楚歌的情况。疑人不用，用人不疑；不论于己于人，疑心即生暗鬼。当然，作为一个修学佛法的三宝弟子，对三宝师僧，切切不得怀疑，否则便是惹魔了。

6．我见

包括五个项目：

（1）身见，是对身体的执着；

（2）边见，是执有永恒的常见及不信三世因果的断见；

（3）邪见，颠倒善恶，错乱因果，拨无因果的看法；

（4）见取见，以下劣的知见为好为上，执持不舍；

（5）戒禁取见，以不合因果、不合佛法的思想行为，作为必须遵守的戒条。

以上六点，是由观念上来分析构成“我”的因素。而“无我”，就是将上述六点渐渐除去，或顿时放下。没有以上六类心理现象，也就没有“我”了。

很多人希望能够由开悟而得解脱，使得自己得以自在。但要开悟的是什么呢？必须了悟“我”是虚妄的，除了“我的”

之外，只有以上六种根本烦恼，并没有真正不变的“我”在。我的五欲，我的贪、瞋、痴、慢、疑、见等，皆是心理现象，除去这些现象，就无处可寻“我”了。能够了解这些，就可知道“无我”是什么了。

过去禅宗寺院，接纳新进禅者，进入禅堂之初，便会被执事者告以两句话：“色身交与常住，性命付予龙天。”也就是唯有不管身命的死活，通身放下，全心放下，才能死心塌地地用功修道，亦即兵家用兵“置之死地而后生”的要诀。对常人而言，这个虚幻而又麻烦的“我”，不容易丢，舍不得丢，也害怕丢掉，所以也就不容易开悟了。

二、以方法技巧消融自我

仅仅在观念上分析“自我”的结构虽有用处，却没有大用，必得身体力行，用方法来实践，才能得力。目前在市面上关于介绍禅的书已很多，但都限于写禅、说禅，甚至是拿禅宗的公案语录，当做文艺欣赏，读了之后，在想法上也可能有点帮助，但其用处不大。

亲自实践，在佛法中称为修行。一定要经过修行，才能实证。从方法的实践而有身心的体验，能以全生命的投入之后，一旦与无我的事实结合为一，便是证悟。

口述的“无我”，不是由生命体验得到，而是从思考、知识来了解的，故不能

称为证悟，只能名之为了解。不过这一层次仍是重要的，其次第是由信而解，由信解而修，由信解修而亲自体证。

实践的方法

一、炼心

所谓炼心，实际就是炼“我”。平日的“我”是非常散漫不踏实的，故可称为散乱心的我。我们必须要用方法来调理身心，以数呼吸、持佛名号、观身受法等等，来达到集中心、专一心、统一心的境界。其中观身受法，是指观身体动作的感觉，

“观”后，还须加上“照”及“提”的工夫。

数呼吸时，若忘了数字，打了妄想，便不是在“观”，发觉之后，马上再将方法“提”起来，然后继续再观。“观”时要清清楚楚地知道自己在做什么，这也就是“照”。“观”与“照”一定要同时并用，才不会流于散心或堕入昏沉。观后一定要照、要提，然在如此用功时，切切不能急躁，不能使猛力，当以细水长流的方式进行。否则必须有相当的心力及体力才行，而且也容易忽好忽坏地交互进行，使你不能持久稳定。

炼心的初步目标，是把“散心”的我，变成“专心”的我，对于每一个念头的活动，都要能清清楚楚。专心之后，进一步要达到“一心”，也即是从专一心，至统一心。

统一的心念也有三种：

（1）自我身心的统一；

（2）自我与内外环境的统一；

（3）自我的前念与后念统一。

数息上了路时，还有三个不同的念头交互起灭：

（1）我；

（2）我在数呼吸；

（3）我观照数呼吸的数目。

这三个不同的念头，前后次第，稳定出现，虽有统一的念头，仍不是统一心而只是专一心。统一心，则只有一个“我”的念头，清清楚楚，实实在在，明明白白，已经不数呼吸，也没有呼吸的数目可以让你观照了。

前面已经提过，炼心就是在炼“我”。常人的我，是分别、执着、散心的我，无法自我做主，无能自我驾驭。所谓心不由己的原因无他，只因烦恼重，业力重，提不起又放不下。欲由散乱心进入专一心，首先要放松身心，放松头脑，然后提起所用的方法。平时若遇境界现前时，立即放松头脑，可避免很多的摩擦及冲突，自己也较不会冲动、生气、与人争辩。

专一心之后，进一步便进入如前所述的统一心，它有三个层次：

1. 身心的统一

身心统一，主要是由于心念稳定、落实。若在乎身体的存在，则是一项负担，不舒服。若能让心稳定于方法之上，或专注于某一动作、某一项工作之上，便可忘掉身体的存在及身体的负担。

2. 内外的统一

能够内外统一，而将“我”消融在环境之中，并不太难，譬如艺术家便可以做到，而欣赏音乐演奏、绘画等艺术品或是自然风景，也能陶然自得，浑然忘我，便属此类。宗教家及哲学家“天人合一”的体验，也属此一层次。

禅修的人，当在面对所有人事物的情况时，若都没有对立的感受，其感觉便已把他们的自己与整个环境统一起来了。禅修者若已真正达到内外统一的时候，便已没有优劣之分及内外之异了。统一就是无差别，若在用功时，体验消融自我，体验到没有烦恼的心境，但在不用功时，问题

仍然存在的话，便只能称为统一，而不能称为开悟，因为此处未将“我”视为没有。虽说如此，有了这样统一心的经验，总是好的。至少可以不与身心之外的事物，处于紧张的状态了。

3．前后念统一

欲达到前后念统一，非常不容易。此时不知道有前念，不知道有后念，唯知住于现在的一念。

在定中，若一直保持住“现在”这一念上，便没有时间，因为前后念已统一，出定后，时间又再度出现。

《金刚经》说：“过去心不可得，现在心不可得，未来心不可得。”然而前后念的统一，是否就是此处的三心不可得呢？很明显地可以看出，前后念的统一并不等同于《金刚经》中所说的三心不可得。前后念的统一虽然没有过去，没有未来，但仍拥有现在，还是有“心”，还是有“我”，尚未超出“我”的范围，虽无分别，仍有执持。“我”实在是极不易去除的，除了炼心之外，第二个方法就是“破心”。

二、破心

破心就是将“有我”的心粉碎，方式有二：

1．沉淀法（默照禅）

若将统一的心，止于一念，那仅是定；若能灵明廓彻，既不住于止，又不停于观，心静如止水，心明如皎月，便会“桶底脱落”，悟境现前。如在一个桶中盛水拌泥，

泥沙渐渐沉淀桶底，起初搅动，泥沙犹会翻起，但沉淀到最后，水已澄清而桶底终因太重而脱落，此时桶内空空如也，水与泥都不复存在了。既无可止可定的心念，也无能观能照的心念，便成无念亦无心，而亲见无我。

2．爆炸法（话头禅）

即反复不停地参一个话头，问话头之前的究竟是什么，但是不准你替话头给答案。

历代有名的话头很多，例如："拖死尸的是谁?""未出娘胎前的本来面目是谁?""念佛的是谁?"及赵州从谂禅师"狗子无佛性的'无'是什么?"……

切记参话头时，开口就错，动念即乖，故在自己参话头时，不要有任何回答，更要有勇气不断地否定自己所发现的答案。如此，到最后会突然发现大地落沉，虚空粉碎，也等于桶底脱落。

（选自《禅的世界》）

禪

禅修与信仰

观念

通常凡是有心或有兴趣于禅修的人，比较不容易有宗教层次的信仰心，因为信仰本身是属于感性的，而禅修的人，多重视自己的修行，希望从修行中得到身心感应，得到禅修的经验，因此很不容易接受宗教层次的信仰，其实这是绝对错误的事。

很多人都以为，禅修要全靠自己，属于“自力”，念佛的人则全靠“他力”，这两个观念都不正确。

其实禅修也需要靠“他力”，念佛也需要有“自力”。

一个禅修的人，不太可能完全凭自己的力量就能够完成，不论在印度还是中国，修行禅定的人还是需要老师、护法神及诸佛菩萨的护持。因此在中国禅宗寺院也供奉天龙八部、诸大天王等的护法神像。

古德常勉励禅修的人要把“色身交予常住，性命付予龙天”，所谓色身，就是我们的身体，当在打坐用功的时候，不管自己的身体，自然有道场的执事来照顾，依道场的生活规范来调摄。而且如果要想修行修得好，还需要有护法龙天的护持，没有护法龙天的护持，可能就会在身心方面有障碍出现，形成魔障。

所以禅修而不相信在自力之外，还有佛菩萨及护法神的力量，那就不能够算是佛法的修行。

另外，修行禅法的人必须要相信，除了用功打坐之外，也需要积功、累德；如

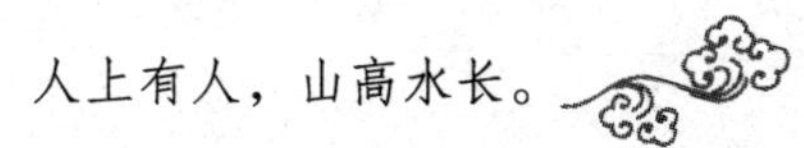

果仅仅是自己打坐，就想得解脱或大彻大悟，这种想法本身就是一种障碍，不能使我们真得解脱。因为自私鬼怎么可能开悟呢?

所以禅宗也讲修布施行、修忏悔行;如果没有为众生利益设想的心，没有真正为他人奉献的心，没有奉献的供养、布施行为，修行要想成功，是相当困难的。

过去禅宗的丛林里，许多禅师们在没有开悟之前，都是为道场、为师父做种种的劳力工作，称为“行单”，包括在厨房里挑水、砍柴、煮饭、种菜，或者维护道场的环境整洁清理、维修等工作。

所以，传统寺院中设有四十八项执事，是由出家修行的人来担任的，僧众只有在禅七之中不担任比较复杂分心的工作，其他的时间，都会有长期执事的工作。因此，法鼓山的禅七中，也鼓励禅众要做一些坡事工作的。

禅宗丛林同时主张要把多余的钱财衣物，布施给需要的人，自己留下的仅是最简单的随身衣物。在过去，所谓的“禅和子”，衣单少到只有“两斤半”，因为他们将得到的东西，都布施出去了。

由此可知，一名禅修者应该要有供养心、布施心，要能舍掉自己身边的长物，送给需要的人。

可惜我们现在见到很多禅修的人，态度狂傲、骄慢，内心自私、小气，却又缺乏信心，这是很可怜的、很危险的事。为什么会这样呢？因为来禅修的人，都希望能够得到身心实际的体验，获得稳定、愉

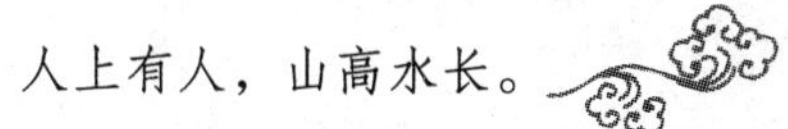

快、健康的成效；一旦得到健康、稳定、愉快的成效时，就认为这是自己努力修行的成果，不是由于诸佛菩萨的感应，当然也不是由于道场里面有护法神，更不会相信这是由于师父或者哪一位老师的指导有方。这样一来，就变成了骄傲、自慢、自负、自满，没有信仰心和恭敬心。

信仰的意思，就是虽然自己有所不能、有所不知，可是相信有那种事实的存在，所谓："高山仰止，景行行止，虽不能至，心向往之。"就像见到一座高高的山，虽还不能亲自上到山顶去，但是相信高山上一定有高人，高山上一定有好的风光，愈是往高山上方爬，愈能够发现我们过去没有看到的东西，这就是"仰"信。我们在低处对高处产生的敬仰，而在敬仰之外产生信心，相信其中一定有我们所不知的力量能帮助我们。如果信仰心不足，就不可能相信佛法所说，我们所不知道的事，修行便不会得力。

禅宗主张自信，相信自己能够成佛，相信自己本来就跟诸佛相同，不缺少任何一点东西。

禅宗鼓励只要把自我中心摆下，马上就能亲见自己的本来面目，人人都能成佛。本来面目就是自性的佛，也就是说那是天然的、不是修行之后才有的，因此有许多人误会禅宗，忽略了信仰心的重要。

这个观念就基本理论而言是对的，可是，就实践的、现实的角度来说则是错的。这就如同，人人都可能成为父母，可是刚刚出生的小孩就是父母吗？他还没有长大，还没有成年，尚不是父母，只是婴儿。那么婴儿将来能不能成为父母呢？不一定。有人从小出家修梵行，就不会成为父母；有的人结婚，如果没有生育能力，也成不了父母。所以理论上人人都可能成为父母并没有错，但在事实上不一定人人都能成为父母。

又如同在民主社会中，凡是公民，人人都有选举权，也有被选举权，可是绝大多数的人只有选举权，而没有被选举的机会。因为能力不足，因缘不具，便只能够选人，没有机会被人选。

所以如果听到禅宗说："人人本都具有佛性"，结果自己本身什么也不是，只是一个愚痴的凡夫，就想象着自己是跟智慧圆满的诸佛相等；见到了佛像不仅不拜，而且诃骂，并说现在佛不拜过去佛，认为自性中就有佛，何苦去拜那些泥塑、彩绘、木雕的佛像呢?

这些人只信自心是佛，不信心外的佛。如果看到别人拜，就会说这是“执着”。有人向出家师父顶礼，那些自以为是修习禅宗的人看了就摇头叹气地说：“佛都不用拜，岂用去拜僧。”

有一次有人正在顶礼我的时候，马上有一个居士把他拉起来说：“你不能拜啦!你不要害了法师啊!”

我被拜，是我被害?我都弄不清楚了，我问：“你是什么意思?他害我什么?”

他说：“如果你真正是个得道的高僧，还需要人拜吗?如果你需要人拜，那表示你心中有执着，他愈拜，你就愈觉得是一位高僧。那你这一辈子不要想得解脱开悟了。”哎！我想也有道理。

他接着还说：“如果你真正得到解脱了，他拜你，那你应该要苛责他：不要着相，无我相、无人相、无众生相、无寿者相，当然没有师父相、徒弟相，你还拜什么！”

哎！这个居士还真是厉害，我问他说：“你拜不拜佛啊？”

他说：“我拜自心中佛。”

我说：“你怎么拜法？”

他说：“我不用身体拜，我用心拜。”

我说：“你的心怎么拜？”

他说：“我心得自在就是拜，心无挂碍就是拜。”他的意思就是不需要礼拜佛菩萨，除了相信自己之外，他一切都不相信。

其实，这不是佛教，不是禅宗，是一种傲慢的魔见，缺乏信仰心。这种人可能有一点点禅修的小经验，所以有这种增上慢的自信心，看到一些似是而非的禅书，结果被“缠”住了。他们在活着的时候，认为自己已经解脱了，可是，一旦死亡，福报大就进入天界，唯其知见不正，不信三宝，所以虽入天界享福，报尽必堕恶道；如果是心态不正，不持净戒，常做坏事，那就下地狱如射箭般迅速了。

所以禅宗祖师们还是相信有天堂、有地狱、有佛国、有娑婆，只不过对于正在精进用功、禅修工夫已很深厚、但其心中尚存执着的人，才会对他们说：“没有佛、没有法、没有僧、天堂没有、地狱没有。”因为如果心中执着三宝、天堂、地狱，必

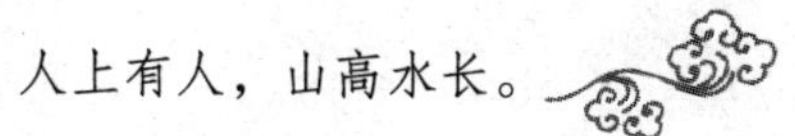

然不得解脱。

可是，对于初机禅修的人，一定要因果分明，凡圣宛然。否则说是不要执着，结果因果颠倒，以凡滥圣。毕竟凡夫就是凡夫，不要想象自己跟三世诸佛，都是平起、平坐、平行的古佛再来。

禅的修行，不仅仅是打坐而已，禅的修行不是唱高调，只求开悟，要跟三世诸佛论平等。

弘扬禅法，同时也要提倡信仰，则个人的修行更容易得力，人格会更完美。而且禅法一定要去“我执”，去“我执”一定是从起信、布施、持戒开始；要以惭愧、谦虚、感恩、忏悔心来消除我执，要相信三宝，要信诸佛菩萨，要信护法龙天，要信历代祖师，要信指导你修行的老师。否则的话，刚进禅的法门，就不拜佛、不尊法、不敬僧、不信护法诸天，如此的慢心十足，就根本不要想能开悟见性了。

（选自《禅钥》）

禅

禅与净土的修行法门

禪修精華
Chanxiujinhua

佛法、佛教、佛学

佛法是释迦牟尼佛成道之后所说的，包括成佛的观念、成佛的目的，以及如何成佛的方法。

释迦牟尼佛在成佛以后，把自己的经验和自己所发现的宇宙人生道理告诉别人，这些人后来就成为他的弟子，而这些弟子们渐渐形成了一个团体，这就是佛教形成的过程；因此，佛教就宗教的形式来说，包括了信仰的成员、团体的制度，以及团体成员所做的事情。

为什么在释迦牟尼佛涅槃之后，佛教还能够继续在我们人间流传那么久？甚至流行于全世界各地？因为它具备了三个条件：

（1）有一个人格非常健全的教主释迦牟尼佛；

（2）有相当高深的理论基础和教理；

（3）有高度道德标准的信徒所组成的团体。也就是说，因为佛教具备教主、教理、教团这三个要素，所以才能够成为一个可大可久的宗教。

佛学就是对于佛法、佛教的内容，以及它的教徒、教理、教团的哲学思想、行为现象及其历史文化的各种研究。佛学有点类似西方的“神学”，凡是研究西方基督教理论的学问，都属于哲学的范围；因此，

佛学也可说是以研究佛教为主的哲学。不过，现在佛学探讨的领域愈来愈广，凡是研究佛教的学问都可以叫做佛学。

佛法、佛教和佛学三者之间的关系是非常密切而不可分割的，否则，佛教就不能成为一个可大可久、世界性的宗教。从历史来看，凡是对于世界有贡献的佛教徒，他一定不仅仅是位宗教家，同时也是一位学问家、一位大修行人及社会工作者。这也就是为什么佛教在二千五百多年后的今天，还能受到广大世界的欢迎和重视。

禅与净土都是整体的佛法

禅，在印度就是禅定，在中国才形成禅宗。其实不管佛教的哪一宗、哪一派，禅定都是共同修行的项目，凡是能够使心清净及安静且生出智慧的，那就是禅。

净土则是佛教对这个世界教化的理想境界。以宗教的信仰来说，除了我们人间的净土之外，还有天上的净土和佛国的净土；而在佛国的净土之中，也有许多不同的佛及不同的净土。净土的共同性是没有犯罪的行为，也没有烦恼的现象。至于另

一种自心净土，则是在各人内心的体验。

我在美国南方弘法时，曾经有一位怀抱移民美梦的旅馆老板告诉我，他经营这个旅馆非常辛苦。我说那是很正常的，这个世界上没有不辛苦的地方；老板娘则很感叹地说，美国和其他地方一样，也是一个娑婆世界，一样非常的辛苦。

那么，在佛国净土是不是也很辛苦呢？不会的！因为吃的、穿的、用的都不必以工作去换取。在净土中只有精神体而没有肉体，所以很多因肉体才有的问题都会消失。不过这种净土的景况，当信仰非常坚定，并且有工夫把心安定下来的时候，在我们人间也可以体会得到。

禅与净土都是佛学

禅宗和净土宗都是以佛法为根据，而且都有很悠久的历史，但是却各有不同的理论和修行方法，很多人都在研究，所以也算是一种佛学。

经常有人在介绍我的时候，都会提到我有一个博士学位。但是也有人批评说："做个和尚哪里需要博士学位！"或是说："哪里需要那么多学问啊！"

其实，不但在今天或是在历史上，凡是很有贡献的出家人，多半都有很好的学

问。如果我没有学问，或许今天我就没有办法对诸位知识分子做这样的演讲。

也有很多人认为禅宗不立文字，所以不需要学问，而且禅宗的六祖惠能大师就是个不识字的人，其实，这未必是事实。因为《六祖坛经》中就引用了至少五六种以上的佛经；由此可知六祖虽然不是一位学问家，但他对佛教的经论却是懂得很多。事实上，虽然禅宗不立文字，但在中国的八大宗派之中，禅宗留下的文字著述最多，这真是一件非常有趣的事。

另外，也有人说："既然只要念阿弥陀佛就能往生西方，净土宗也就不需要有什么学问，一句阿弥陀佛，一切问题就都解决了！"这些都是懒人讲的懒话。净土宗的很多大德，包括出家的和在家的修行人，都留下了许多的文字，引经据典说明净土是非常重要、非常可靠的修行方法；净土宗的经典，甚至有很多是需要对照梵文才能够理解的。因此，净土宗也有很高深的学问。

我是一个研究佛学的文学博士，对佛学各宗派不敢说全懂，不过我也出版了一册《念佛生净土》，欢迎诸位参考。

禅的修行方法

禅的修行方法可以分为两大类，第一类是用“五停心观”，让我们的心先安定下来，进而达到解脱的目的。

第二类是用中国禅宗“参话头”的方法，把我们的妄想心全部粉碎，在去掉自我中心后，智慧就会显现出来，这便是开悟。

不论是用哪一种，禅的修行方法，首先要让身体、头脑和心情放松，然后才能够安定下来。我常常教人简易的放松方法，

就是注意自己的呼吸，在紧张的时候、有烦恼的时候都可以因此得到纾解。这一简单的方法在平常的生活中已是够用的，但是如果要继续深入，则要请老师另外指导。

净土的修行方法

净土念佛而独立成宗，是只有中国和日本才有的。它重视信仰、发愿以及修行；修行的方法又分两种：一种是专心念佛，一种是要修发菩提心等三种清净的福业。

信，是信阿弥陀佛发的愿，即任何人相信且发愿往生到阿弥陀佛的净土，就能够去。修行的方法，就是要专心念“阿弥陀佛”或“南无阿弥陀佛”，听你自己在念佛的名号，让你的心不断专注在佛的洪名圣号上，这和禅宗看呼吸的方法是类似的。

但是除了念佛以外，自己在这个世界身、口、意的行为也要清净，还要修三福净业，否则仍然是不能去净土的。当然，如果修行不足，光靠愿生，即使因为佛的慈悲而勉强去了西方净土，还是不能立即面见阿弥陀佛。

很多人以为，修净土法门只要念佛就够；事实上，还要做很多慈善事业。而且佛教的精神就是要学佛和成佛，如果要学佛，就要先从菩萨做起。菩萨的精神就是不为自己享福，只是帮助众生离苦。因此，为求生净土，首先就要发起这种利他的菩提心。也就是说，先要尽力照顾人间，同时愿生西方极乐世界，这才比较可靠。

过去，欧美西方人士愿意接受禅的修行方法和观念，但是很不容易接受净土宗，

这是因为他们已经有了相似佛国净土的基督教天国思想和信仰；可是依我所解释的净土思想，相信西方人士也可以接受的。因为念佛可以使心安静下来，使身体减少痛苦，进而生出智慧；有了智慧便能消融烦恼、排除困难、解决矛盾冲突。所以，念佛虽然能生西方，但不一定为了生西方才需要念佛。

曾经有一位婆婆老嫌媳妇不孝顺，常常数落儿子和媳妇的不是；她的媳妇听了很烦，所以也常常诉说婆婆的不领情以及顽固，甚至想要把婆婆请出去，让她一个人自己住。结果，她们两个人一前一后都来见我。

我劝那位婆婆从今以后不要再叨念儿子和媳妇，愈念会愈倒楣，要念还不如念阿弥陀佛，念佛会愈念愈有智慧、愈有福报。

至于那位媳妇来找我抱怨婆婆的时候，我也劝她不要老是埋怨她的婆婆，要念就念阿弥陀佛。后来，由于婆媳都念佛，两人从此相安无事，可见念佛是可以化解烦恼，得现世利益的。

法鼓山《四众佛子共勉语》的最后一句话是“声声阿弥陀佛”，如果你把对别人讲坏话、说闲话的时间，都用来念“阿弥陀佛”，你一定会有很好的人缘、很高的智慧，也就没有烦恼了。

禅和净土都是实用的法门

禅和净土都是实用的法门，在修行的过程中，就已经可以得到很大的身心利益。过去，很多人都误解，以为学禅就是为了开悟，不开悟就等于白费；修净土就是为了了生死，未去极乐世界之前就以为没有用。

其实，不管是学禅还是学净土，都可以在生活中随时随地得到好处，而且也能开悟，也能往生到净土。

开悟的人一定可生净土，未开悟而愿生净土的人，也可以生净土，生到净土的人也必定能开悟。

法鼓山的理念

法鼓山的理念是："提升人的品质，建设人间净土。"这与今天的主题有关。因为在我们未成佛之前，先要把人做好；在未到西方净土之前，必须先做好关怀人间社会的工作。法鼓山用各种方式的教育来做好关怀的工作，同时以关怀人间社会的方式，来达成教育的目的。

我们这个娑婆世间不是净土，常常有暴力、犯罪、灾难的情况。如果自己不得已遇到一些不幸的事件，那正是让我们成长的因缘，得到更多经验的机会。不过我们也不要老是只关心自己的安全与幸福，而忽略了社会的安全与安乐，还是要照顾别人。更进一步，我们除了希望得到佛、菩萨的帮助，其实也应该学一学佛及菩萨，让别人遇到我们，也像遇到佛、菩萨一样，而得到帮助。

我们佛教徒，不管是修禅还是净土，都是在学菩萨、学佛，否则的话，就不能开悟、就不能见佛成佛。也就是说，对他人和社会大众没有关怀、没有慈悲，想要修行佛道成功是不可能的。所以，信佛就是学佛，终究要使自己的人格和佛一样。学习佛的智慧与慈悲，才是信仰佛教的目的。

佛教是以学法为目的，法是佛所说的，

例如禅和净土等的修行观念及修行方法。而法是从佛而来，再经过僧团的人一代一代从印度传承到现在。如果有人说他自己没有传承，自己就是佛，那是有问题的；那也许是另外的一种新宗教，但绝不是佛教。

我则是经由我的老师传授和证明，把佛所说的修行方法和修行观念介绍给大家，这才是佛法。

（选自《动静皆自在》）